紀念
歌連・根頓（Colin E. Gunton）
1941～2003

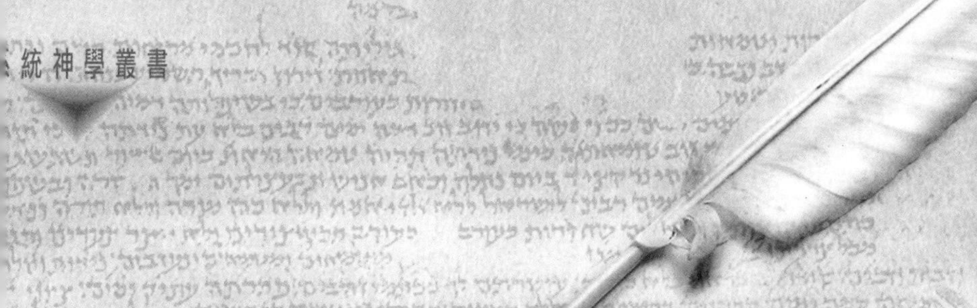

統神學叢書

聖經：一個教義式的勾畫

約翰·韋伯斯特 著 / 鄧紹光 譯

基道出版社

▼

系統神學叢書

聖經：一個教義式的勾畫

Holy Scripture: A Dogmatic Sketch

作者
約翰．韋伯斯特 John Webster

譯者
鄧紹光

責任編輯
林諾欣

裝幀設計
奇文雲海．設計顧問

■

出版／發行
基道出版社
香港沙田火炭坳背灣街26號富騰工業中心1011室
LOGOS PUBLISHERS
Unit 1011, Fo Tan Ind. Centre, 26 Au Pui Wan St., Shatin, Hong Kong
電話：(852) 2687-0331 傳真：(852) 2687-0281
網址：http://www.logos.com.hk

承印
陽光印刷製本廠

●

7/2010 初版
Cat. No. LP249
ISBN: 978-962-457-402-9

Original Edition "Holy Scripture: A Dogmatic Sketch"
Published by Cambridge University Press

Printed in Hong Kong

刷次	10	9	8	7	6	5	4	3	2	1
年份	2019	2018	2017	2016	2015	2014	2013	2012	2011	2010

中文版序

本書思考的是聖經的本性（nature）及其在基督教神學中的地位。對聖經作神學思考，常被一組假設扭曲，這組假設塑造了好幾個世紀的基督教思想，並且繼續在某些現代神學中出沒。根據這些假設，「自然」的實在（“natural” reality），例如文本，是「純粹」（purely）自然的，自然而無殘渣，只需如其所是地查究。本能地，我們以為聖經諸文本所生成的過程，以及聖經諸文本被閱讀及解釋的過程，是「世俗的」，即是，一個無須談及上帝而可以提供充分解釋的過程，或是（如果我們想保留某些對上帝跟聖經關係的言說）只視上帝為聖經的遙遠起動的原因（remote initial cause），而可以提供充分解釋的過程。古典基督教神學家談及上帝時沒有陷進這些假設，而因此可以自由地同時視聖經為一件「自然的」、人的東西（human entity），以及視之為上帝使用的工具，向教會啟示祂自己。跟著嘗試要問的是，如果我們恢復及重新形構某些古典的思考方式，當代的聖經神學（theology of Scripture）會是甚麼模樣。

本書的論辯循著四方面來進行。首先，它置聖經於啟示（上帝拯救性的自我溝通）、聖化（sanctification；上帝命任人類聖經的溝通活動，以作為祂言說的大使來服事祂）和感通（inspiration；上帝監視聖經的寫作，以致聖經足以傳達祂的話語〔Word〕）的關係之中。其次，它置聖經於教會的脈絡中，以檢視聖經的權威，以及其在聖靈的動力下被承認而為管治教會生活的正典或規矩這過程。再者，閱讀聖經被描述為在經世的恩典（economy of grace）中忠心的閱讀，在其中，已和好的罪人被教導上帝清晰的話語。最後，神學概念並非對聖經的改進，神學概念是工具，透過這些工具而支援教會的釋經工作。

本書寫成於十年前，新讀者可能想要知道：雖然我繼續思考這裏處理的題材，[1] 但是我思考的主線實質上仍舊一樣。我很高興知道，透過翻譯的工作這書會有新讀者，為此我欠那些有分於這工作的一份感激之情。無論如何，對於我的讀者，容讓我提議，以加爾文（John Calvin）的禱告作為自己的禱告：「願主允許我們，透過耶穌基督我們的主，學習祂屬天智慧的奧祕，使得我們在宗教信仰中有進步，邁向祂的榮耀，以及建立自己。」

約翰．韋伯斯特

蘇格蘭．阿伯丁舊城

二〇一〇年四月

註釋：

1　參，例如 John Webster, "Resurrection and Scripture," in A. Lincoln and A. Paddison, eds., *Christology and Scripture. Interdisciplinary Perspectives*（London: T&T Clark, 2007）, 138 ～ 155；John Webster, "Biblical Reasoning," *Anglican Theological Review* 90（2008）, 733 ～ 751；John Webster, "Principles of Systematic Theology," *International Journal of Systematic Theology* 11（2009）, 56 ～ 71。

譯序

約翰·韋伯斯特（John Webster）是研究巴特（Karl Barth）和雲格爾（Eberhard Jüngel）有素的專家。基道出版社近年曾翻譯出版其《聖潔神學》（*Holiness*）。相對於《聖潔神學》來説，《聖經：一個教義式的勾畫》（*Holy Scripture: A Dogmatic Sketch*）是較為艱深的。這主要指到，全書對聖經本性和作用的討論是神學性的或教義性的。韋伯斯特運用了上帝的經世活動這框架，來重新思考聖經的本性和作用，其無論在神學語言和概念上，或神學思考和推論的方式上，對於一般的信徒來説，恐怕都不是容易理解的。這也不免對翻譯造成某種困難。除了英國典雅長句的特色外，此書的概念舖排緊湊，幾乎無任何輕鬆活潑的句子，邏輯運思前後連綿緊扣，使得翻譯時極需注意恰當合理的斷句，在照顧意義的保存之外，不失可讀性。然而，譯者限於能力，想必仍有許多未盡完美的地方。

多謝基道出版社的前策劃編輯吳國雄弟兄的信任，前年邀請譯者翻譯此書。去年暑假譯者花了一個月時間完成初譯，今年三月、四月期間進行譯文潤飾，此後並沒有在對照原文底下再進行審譯的工作。譯者把這一重要、不容有失的工作交託給基道出版社編輯林諾欣姊妹。在此譯者感謝林諾欣姊妹仔細的審譯及編輯工作，補譯及訂正譯者譯文中不少脱譯及誤譯的地方，使得此書的中文譯本更為可讀。自然，譯文的一切桀誤，當由譯者負上最終責任。翻譯需要高度專注、心思慎密、反覆思考的能耐，譯者並不完全具備這等素質，因此，編輯後期的工作成了翻譯的後防，從而與譯者共同完成把文本從英文轉換成中文的任務，可以呈現在讀者面前。此後讀者在進一步改善翻譯的工作上，亦可有分參與。這對於那些值得信仰羣體一讀再讀的神學作品，尤其重要。謹願上帝在其經世的恩典性溝通活動之中，使用譯者和編輯這一工作及成果，教養我們的弟兄姊妹。是為譯序。

鄧紹光

香港 · 西貢北 · 西澳

二〇一〇年五月七日

中文版導讀

聖經是甚麼？這本昔日在不同時空底下人以其特殊的文字寫成包括諸文本的文集作品，何以被稱為〔神〕聖經〔典/卷〕？其之所以而為神聖經典/卷，究竟是甚麼原因？此種神聖是外在的還是內在的？聖經是在甚麼情況、條件底下成為神聖經典的？其成為神聖經典又是否意味著其在本性上、存有上是神聖的？如果聖經在本性上、存有上並非神聖的，那麼，我們，特別是信仰羣體，稱之為神聖的，又是甚麼意思？這是確認的行動？還是建構的行動？如果是確認的行動，那麼，我們所確認的神聖，又是甚麼意思？這些問題的解答，將會指導我們閱讀聖經的態度，也重新審定神學在閱讀聖經一事上的角色。

約翰．韋伯斯特（John Webster）在《聖經：一個教義式的勾畫》（*Holy Scripture: A Dogmatic Sketch*）一書中，對聖經的本性作出了神學性/教義性思考。固然，他針對的是西方自啟蒙時代以來的假設：聖經這古代文獻，是「自然的」，以及由此而來的閱讀和解釋活動，是「世俗的」，無須理會上帝。然而，作者並非把上述假設完全倒轉過來，確認聖經為非自然的，上帝賦予了聖經某種神聖本質，不再需要持續地聖化聖經。韋伯斯特在本書中文版序清楚表明上帝並非聖經的遙遠起動的原因。否則，我們會陷進另一種版本的自然神論/理神論（Deism）：聖經一旦寫成後，上帝，特別是聖靈上帝，立即撤退，因為聖經已經被賦予神聖的本質而可自足，無須繼續使聖經成為聖經，即聖化聖經而為上帝所使用。這恐怕是華人教會的盲點，值得注意。

本書共分四章，每章處理不同論題。第一章把聖經置於上帝的溝通活動來思考其本性，決定了其後三章的討論。這樣的思考是神學性的或教義性的。韋伯斯特以上帝的三種溝通活動來規定聖經的本性與作用，包括「啟示（上帝拯救性的自我溝通）、聖化（上帝命任人類聖經溝通活動，以作為祂言說的大使來服事祂）和感通（inspiration；上帝監視聖經的寫作，以至聖經足以傳達祂的話語〔Word〕）」（見中文版序）。我們都知道聖經是上帝向我們溝通的媒介，但是我們卻鮮有思考上帝如何使得聖經成為可以與我們溝通的媒介。大多時候，我們只以「默示」（inspiration；這是狹義的翻譯，局限於文字默寫的層次）來解釋一切。但按照韋伯斯特，這是預設上帝啟示與聖化的活動。而上帝的啟示首先並非知識論的議題，卻是拯救性的溝通活動。至於上帝的聖化則是打破上帝與受造物的聖經文本之間的隔閡，透過聖靈聖化的工作使聖經文本可以服事上帝那拯救性的溝通活動。至於感通，在上述的啟示及聖化的了解底下，韋伯斯特指出感通是上帝運作性的而非轉換性的活動，目的並非轉換文本的受造物本性，而是透過聖化的文本得以作出拯救性溝通。因此，聖經有別於啟示，但卻跟啟示不離；其為神聖的並非在於其所擁有的特質，只在於其被上帝所聖化及感通而為服事的器皿。

這樣，聖經的本性就不由教會所決定，而是由上帝的啟示、聖化和感通所決定；並且，聖經作為服事上帝的拯救性溝通器皿，在聖靈的使用下創建了教會。這是第二章要討論的。教會的責任是聆聽上帝透過聖經的拯救性溝通話語，接受其為正典來規範及管治教會的生活。是以，教會與聖經的關係，首先是認信聖經為正典，這是順服的舉動。然而，韋伯斯特卻提醒不能由此順服而要求權威，即教會不能因為順服聖經為正典，而要求自己擁有權威，以及使用正典。聖經正典並不是教會使用的資源，可以按教會的需要而隨意使用，反之，教會的一切生活與行動，都應在每一方面被正典所形塑。這是順服地確認聖經為正典的意義。但這種確認，首先在於上帝的拯救性溝通行動（啟示），以及由此而來的聖化及感通聖經文本的運作性活動。

有了這種對聖經與教會關係的認識，再進一步，自然會涉及閱讀聖經究竟是怎麼一回事。韋伯斯特刻意使用「閱讀」而非「解釋」，是要避免過度集中於解釋主體在解釋聖經文本時的核心地位。「忠心地」閱讀是首要的條件。韋伯斯特這樣解說忠心地閱讀：「釋經理性在信之中被抓住，將其交付給神聖話語的力量，而被神聖話語殺死並且使其復活。」忠心地閱讀是信靠地閱讀，能夠如此，必須在上帝那恩典的經世活動中來進行，也就是在上帝的拯救性溝通行動（啟示）之中，我們的敵對意志被聖靈殺死又復活過來，然後可以持續全然地專注於聖經。這樣，我們才不會強解聖經，而是讓聖靈透過聖經來解釋上帝自己。

閱讀聖經是在上帝自我闡釋的領域中進行，這才是恰當的。韋伯斯特並非否定智性的閱讀，而是強調智性的閱讀是忠心信靠地專注於上帝的話語。這是聖靈的工作。聖靈既使聖經文本可以清明地讓上帝自我呈現/表達（聖化及感通的工作），也使我們的閱讀理性成為聖潔，可以忠心地閱讀聖經文本。這是第三章順著第一和第二章而開展出來的。我們都只在上帝恩典的經世活動的擁抱、同行中，如實地閱讀這清明的聖經。

最後一章來到神學與聖經的關係。韋伯斯特關心的問題是，神學若作為一批判的/鑑別的學科，則不再置於聖經之下，或服事上帝在聖經中所給予的自我溝通，而是轉過來「探究聖經、教會和福音的可能條件」。結果是神學凌駕聖經之上。我們應當注意，這種神學並非指到一般講授諸種教義內容的科目，而是一種以批判的/鑑別的精神和方法為本質的學科。於此，聖經成了這種學科底下的子部。韋伯斯特針對這種情況而強調神學理性的運用是由話語指引的，這話語首先在教會這「場所」說出來，而被聆聽、接受，而可以被閱讀和思想。神學和教義是在聆聽和接收那上帝透過聖經向我們進行恩典的溝通而出現的。教義或神學概念是來自這一過程的，因而並非用來修正聖經，而是支援教會的釋經工作，讓教會一而再、再而三悔改地及非操控地閱讀和聽從上帝的話語。

聖經的本性和作用，我們發現在韋伯斯特的討論中，完全不能抽離上帝的經世溝通活動來了解。這是因為聖經具有受造物的性質，本身並無任何神性，也不被賦予任何神性，只能在上帝，特別是聖靈對其聖化、感通的轉化和使用的行動中，方能恰當地了解其本性。按照這種了解，教會、閱讀聖經和神學，跟聖經的關係，就得重新調整。今天，我們若非以聖經為上帝，就是完全置之於教會、解釋理性或批判的／鑑別的神學之下，兩者都是忘記了需要從上帝的溝通活動來認識其本性和作用。韋伯斯特以其銳利的眼光，帶領我們進到事情的根本，從而透徹地認識應當如何繼續思想下去，以及相應的實踐。這本《聖經：一個教義式的勾畫》是讓我們重新恰當地認識聖經的起點。

鄧紹光
香港浸信會神學院基督教思想（神學與文化）教授
二〇一〇年五月一日

目錄

引言

這本書是對當代神學中備受忽略的一個題目作出教義式的勾畫，那題目就是聖經的本性。這只是一個勾畫，而非論文專著（treatise），許多應當恰當地全面思考的都沒有處理，例如，聖經與傳統的關係或聖經與講道的關係。我也意識到，我對那些在現代神學及解釋學（hermeneutics；或譯「詮釋學」）得到充分討論的題目，説得不多。我沒有提供「文本性」（textuality）的理論，就解構（deconstruction）或言説—行動理論（speech-act theory）對思考聖經的本性或解釋羣體的運作之影響，諸如此類的題目，我幾乎沒有論及。這些省略是否缺陷，我留待讀者的判斷。我選擇處理這本書的題材，在我看來，因為這些題材，就條理地對聖經之所是作出教義式説明，而當中所具有的必要信條（essential articles）而言，有構成的作用。

但是，真**有**一種叫聖經（Holy Scripture）的東西嗎？文化及宗教研究等理論家，以及少數現代神學家，都努力説服我們：沒有，「聖經」這述語是「經典」（scripture）的擴展，指的並不是聖經正典（biblical canon）因其與上帝的溝通活動相關聯而有的特質，而是人類踐行者（human agents）在建構一個文化及宗教世界時的活動。因為跟著下來的嘗試並不處身於文化或宗教研究之中，而是在基督教教義學（Christian dogmatics）之中，所以我們提出事實上真有一種東西叫聖經；為了描繪這是甚麼，我們必須運用三一上帝拯救及啟示行動的語言。這種教義式描繪沒有否定聖經也是文化發明領域中的東西，因為聖經（上帝聖化〔sanctifies〕的人類文本，為了服事祂溝通性的臨在）仍然是「經典」（宗教羣體所產生及使用的人類寫作）。但是，教義學不容許「聖經」這一特殊概念被收編入較為一般範疇的「經典」之中，而傾向使兩者的差異放至最大，以便拒絕把聖經置於文化創作（cultural poetics）之下。這樣的成果是一種聖經的教義式存有論（a dogmatic ontology of Holy Scripture）：對聖經之**所是**（is）的描繪，這「所是」，是在上帝愛的及再生性的自我溝通（loving and regenerative self-communication）之拯救的經世活動中的所是。

教義學在現代英美新教的神學之中處於邊緣，我劇烈地意識到：我的同代人所視為自明的但我卻感到迷惑或缺乏說服力，而我所認為自明的但我的同代人卻感到困惑。我安慰自己，因為事實上我在許多前輩身上找到好伙伴。一九三五年，德恩（Günther Dehn）在牛津的戴爾講座（Dale lectures）發表了相當叫人驚訝的話，題目名為《人與啟示》（*Man and Revelation*），兩年前他才被褫奪在哈雷（Halle）的實踐神學的教席。他的講座肯定是驚人的，在這講座的印行版本的序言中，德恩記述聽眾善意的搖頭，[1] 然後接著說：

> 我已經努力地處理基督教思想及生活的某些問題，並不是出之於一個自由學者，而是作為一位跟教會不相分離的神學家。這對那些被告訴神學是被定位於一般知識的分支之中的人來說，必定感到奇怪，而他們亦感到奇怪：神學的難題，可以像其他精神知識（spiritual knowledge）的分支所採用的方法來處理，即是說，根據時代的文化意識來處理。神學家大都無疑地有分其時代的文化意識，但對於他的工作來說，這只有形式的含義（formal significance）。神學並不由文化來推動，而是由相信「上帝的啟示乃超乎一切人類歷史的事件」來推動，那啟示為聖經所見證，並在我們教會的認信（confessions）中找到印證。只有無情地依附於這些必要的前設，神學才能幫助建立一教會（a Church），讓其真的站立得穩，在時代精神的一切攻擊中毫不動搖。只有這樣的教會才會是地上的鹽和世上的光，任何其他教會都會跟世界一起滅亡。[2]

一針見血（*Rem acu tetigisti*）。

當然，就聖經本性的教義式描繪，對於神學的基本工作——釋經——只是輔助的，所扮演的亦只是適度的角色。這樣的描繪所能夠澄清的並非沒有意義的，這可把釋經者對釋經工作的位置、性格及目的的了解，形構出來。在神學的文化中，釋經的自我了解常為其他影響所塑造，但果效甚少，而對聖經作教義式描繪，這樣的發展可能具有某種引起爭議的適時性。然而，這種教義式描繪是不能取代或虧蝕釋經的工作。

本書內容的較早版本曾在二〇〇一年五月於阿伯丁大學（University of Aberdeen）宣讀，是謂《蘇格蘭神學期刊》講座（*Scottish Journal of Theology* lectures）。我深深感謝這講座的邀請，以及阿伯丁的朋友和同事抽時間跟我討論他們的看法。我也特別要向伊恩·多倫斯（Iain Torrance）及莫拉格·多倫斯（Morag Torrance）致意，因為他們惠我良多。

註釋：

1 見 G. Dehn, *Man and Revelation*（London: Hodder & Stoughton, 1936）, 8；米克勒姆（Nathaniel Micklem）在此書的前言中（他那時是曼斯菲德爾學院〔Mansfield College〕的校長，戴爾講座是在他的贊助底下舉辦的），稍微挖苦地指出：「我不能期望這書能夠獲得操英語的基督徒完全接受。」（頁 3）

2 Dehn, *Man and Revelation*, 7f.

1

啟示、聖化與感通

聖經（Holy Scripture）不是單個的（single）或單一的（simple）東西。「聖經」這詞語指的基本上是一組文本（a set of texts），但是對於其神聖源頭（divine origin）及其為教會所使用，它卻是重要的及從屬於兩者的。因此，這詞語的內容只有藉著視其為一組文本，並與帶著目的的神聖行動（此行動是一種與連串組合的受造物的事件、羣體、踐行者〔agents〕、實踐和態度的互動）有關的，它才可以完全映照出來。把聖經的作品（biblical writings）講述為〔神〕聖〔的〕經〔典〕（Holy Scripture），終極地，指向的是較諸作品本身（writings *per se*）更多（而非更少！）的意思。一方面，這是在這些文本其神聖自我溝通的源頭、作用及目的的亮光底下，來描繪這些文本的；另一方面，這裏也涉及對應於這些文本的源頭、作用和目的，就這些文本的種類提出回應，以供參考。「聖經」（Holy Scripture）是簡寫，要表達的是聖經的作品的本性和作用，這組作品是置身於一組溝通行動裏面的，從上帝恩慈的自我顯現延伸到信仰羣體的順服聆聽。

這就是說，聖經的充足性（sufficiency of Scripture），

並非跟其「自足性」(self-sufficiency)完全等同的。[1]當「聖經」尚未指涉一合成實在(composite reality;跟〔上帝的〕啟示及〔讀者的〕接受相關的諸文本),其元素就有一確定的秩序。大底而言,諸文本與關於接受的過程,同樣是屈從於三一上帝的自我臨在/呈現(self-presentation);文本是上帝的僕人,並藉此文本,讀者被上帝搭話,為至高莊嚴的、合法的和效能的話語所臨到。這次序十分重要,因為若不是「這些文本嚴格地屈從於溝通的神聖活動」這種講法被肯定地說明,「文本」,以及閱讀和接受的實踐,兩者可能斷裂鬆脫,成為獨立或類似獨立的探究和說明的東西。當這樣的情況被容許發生,後果就是失序的聖經存有論。

我們將會看見,失序的其中一種類型(把文本同時從其處身於上帝的啟示活動中及信仰羣體的接受中,抽離出來),已是西方神學自宗教改革運動(Reformation)以來的一個難題。當「聖經」這詞語被某種方式闡釋,即認為這詞語首要(或者有時是惟一的)指涉的是讀者自己對聖經諸文本(biblical texts)的使用,至於諸文本在上帝的溝通性恩典的經世活動(the economy of God's communicative grace)之中的地位,只是次要的(如果真有的話);有點不同類型的失序便會出現。舉個例子:威爾弗雷德.史密夫(Wilfred Cantwell Smith)在《聖經是甚麼?》(*What is Scripture?*),提出了一持久的論點:「聖經並非諸文本!」(“Scripture are not texts!”)[2]「聖經」這詞語是用來講述人類面對諸文本的實踐,而不是諸文本本身：

> **沒有聖經的存有論**。聖經這概念沒有形而上學的或邏輯的指涉對象，沒有聖經最終之「所是」⋯⋯關鍵的不是要被明白的聖經諸文本，以及要使用甚麼理論來了解這些文本，而是人類動態地涉入諸文本之中⋯⋯聖經已經是⋯⋯人類的活動：它已經成了人類的習性、潛能。沒有聖經的存有論，正如在較低層次上，沒有藝術的存有論，沒有語言的存有論，亦沒有我們人類所作和所是的任何其他物事的存有論。所有這些並非獨立於我們而存在的，而是我們身為人的存有論底下的小節（subsections of the ontology of our being persons）。[3]

德科夫（Ingolf Dalferth）對這一議題提出一神學上更為複雜的檢視，他探究單數詞語「聖經」（Scritpure, *Schrift*）跟複數詞語「諸經典」（scriptrues）或「作品」（writings, *Schriften*）的分別。後者指的是聖經諸作品本身（biblical writings *per se*），前者指的是那些被信仰羣體使用的這些經卷。「聖經（單數）」因而是「在教會的宣講事件中，對聖經的諸經卷（the scriptrues of the Bible）的使用」；[4] 是以，「聖經（單數）」的概念，其要素是把聖經諸經卷作為聖經（單數）來使用的「基督徒**羣體**（community）或教會」。[5] 明顯地，德科夫所關注的，是一種合法的宗教改革運動的良知：欲求避免任何把聖經（Scriptrue）的本性描述為外在的使用（*extra usum*），並且堅持所決定聖經的本性的，在於內在的使用和行動（*in usu et actione*）。然而，當使用和行動被界定為太過近似於教會對聖經作「宣講—頌揚的使用」（kery.gmatic-doxological use），困難就出現了。[6] 德科夫確實避免如史密夫那樣把聖經的意念歸入羣體的使用，他的做法是堅持聖經、教會和信仰，與溝通性的神聖臨在，彼此間的相互內住（coinherence），但他宣稱，無論如何也好，「聖經（單數）」這詞語指的是基督徒的生活實踐（Christian *Lebenspraxis*）的向度，沒有任何經驗內容；[7] 這宣稱卻指向一頗為不同的方向，在其中教會的集體主體性赫然聳現。

這裏要求的，也是本書嘗試勾畫的，就是對聖經（Holy Scripture）的本性作一教義式的描繪，這描繪既不受限於聖經這詞語所指向的範圍（跟上帝的溝通及對其聆聽相關連的諸文本），亦不容許使受造物對聖經的接受的元素變得誇張。頭三章藉著檢視聖經跟啟示、聖化（sanctification）和〔聖靈的〕感通（inspiration）這些神聖行動的關係，繼而是查看教會及讀者接受上帝話語（the Word of God）的行動，從而開展此一描繪。至關重要的是，我所提議的是，諸種不同的元素（啟示、文本、羣體、忠誠的接受）之間的恰當關係，只有藉著對它們作出仔細的教義式的規限（dogmatic specification），才能保留。

第一章以在教義式的投影法（dogmatic projection）中繪製基督教所講的"the Bible as Holy Scripture"〔譯按：

由於 Bible 和 Holy Scripture 均可譯為聖經，因此，我們保留原文以示其分別。Bible 就字源學來説，出自十四世紀早期拉丁語 *biblia*，意為書卷；至於 Scriptures 則源出自十四世紀的拉丁文 *scriptura*，意為作品（writings）。是以這句可譯為「書卷乃神聖的作品」〕這任務，作為開始，主要是透過如下的辯論來進行：「聖經」（Holy Scripture）這詞語的基本任務，是要指出聖經諸文本（the biblical texts）在三一上帝的啟示、聖化和感通的行動中，其所佔有的位置。聖經（Holy Scripture）是以其在上帝的自我溝通中的角色，而予以教義地闡釋的；上帝的自我溝通，也就是上帝在父、子和靈所建立和維持其與人類的拯救性團契中，讓祂自己向我們顯示和為我們所認識的行動。[8] 聖經（Scripture）的「聖化」（其「聖潔」〔holiness〕）及其「感通」（其從上帝而出〔its proceeding from God〕），是上帝使用受造物的實在來服事祂，見證其拯救的自我啟示（his saving self-revelation）之進程的面向。是以，對聖經的聖化及感通之講論，是對啟示的講論之延伸；但對啟示的講論，則是對三一上帝的講論之延伸。聖經之所是，作為被聖化的和被感通的產物，乃是神聖啟示的活動之一種功能，而神聖的啟示活動，乃是上帝的三一存有在其外在的導向、在其朝著創造物所作的恩典的及自我賜予的轉向。

那麼，首先的工作是檢視三個首要概念：啟示、聖化和感通，好為聖經（Holy Scripture）的教義提供一全面的勾畫。第一個和第三個概念用語在神學論及聖經

（Scripture）的本性中十分熟悉，並且（雖然我辯說如果這些用語是可用的，它們需要賦予某些仔細的教義規限）訴諸這些用語不應有任何驚訝。然而，第二個用語「聖化」，可能看來有點離題，因為這用語更多時候是在拯救論（soteriology）的討論中使用的，特別是為拯救的「應用」（application）提供一神學的描繪，那涉及基督在信徒生命中的有效性。但是，雖然這詞語被使用的最初場域，屬於神性位格與人類位格之間的關係領域，只是它仍可以合法地被延伸至非位格的實在領域（non-personal realities），因為這些實在領域是上帝與人類之間的位格關係的工具。「聖化」這樣被使用就不是不恰當的，例如，聖禮神學（sacramental theology），這樣使用是要指出，受造物的實在是有所分別的，藉著上帝對其模塑及使用，它從而承擔那在拯救的經世活動中之獨特使命。在這樣的意義底下，一個「被聖化」的實在，一般是被描述為由上帝分別出來，作為神聖自我溝通的工具。在討論神聖自我啟示和聖經（Holy Scripture）的本性之關係的脈絡中，聖化的作用是一個中項（middle term），大體上指出上帝的一種活動：委任及命令聖經諸文本（biblical texts）這樣的受造物的實在，以朝向神聖自我彰顯的目的。因此，聖化被應用的範圍較「感通」這詞語更寬闊，「感通」最佳莫如限制於更為具體的問題：神聖自我溝通的行動，與聖經（Scripture）作為文本的東西（textual entity）之間的關係。肯定為真的是，隨著對口頭感通（verbal inspiration）這教義意念的可行性失去信心，「感通」一詞的範圍在某些現代神學中已經被相當擴闊，舉例來説，它等同於部分聖經作者所假定具有的對神聖的直覺意識（a supposed intuitive awareness of the divine），或是等同於讀者對聖經文本（biblical text）的光照。然而，更為條理的應是限制這詞語的應用，只及於某套跟聖經諸文本（biblical texts）的生產有關的神聖行動，而另外尋找別的用語以便更廣闊地指向「上帝命令受造物的實在，作為祂自我臨在／呈現（self-presentation）的僕人」這整個過程。對於這一更為闊大的使命，我提議採用「聖化」這詞語。

「聖化」在這裏的使用，是緊密地跟另外兩項的神學教義相關，即護佑（providence）及中介的神學（theology of mediation）。「護佑」談及那指引受造物的實在朝向其目的的神聖活動；「中介」談及受造的實在於神聖活動中的工具性，兩個用詞都可以在討論聖經（Scripture）的本性的脈絡中使用。上帝對整個過程——如傳統—歷史（tradition-history）、編修（redaction）、作者身分／源頭（authorship）及正典化（canonisation）——的監督，可以描述為神聖的護佑行動：保存、伴隨及管理受造物的活動，把這些活動跟上帝的自我啟示併合起來。對諸文本在神聖經世活動之中作出護佑性的指引這種功能，可以稱之為中介的功能。如果我們仍然喜愛使用「聖化」這詞語，我希望能夠顯示，這是因為它包涵「護佑」及「中介」這兩個用語大部分相同的意思，並且同時直接處理神聖活動跟受造物的進程之關係，卻沒有滑進二元論（dualism）之中。但這些用語確實是有漏洞的，在其本身沒有甚麼重要的；至關重要的是，它們適合條理地闡釋事情本身這一任務而已。

啟示

就如許多其他對基督教教導（Christian teaching）的勾畫，基督教的啟示教義的形貌經受扭曲，在於它嘗試以關連著並且稍為倚靠佔優勢的現代知識與精神習慣，來表達及闡述這教義。事實上，基督教神學這一**主題**（locus），是現代基督教神學面對文化的形而上學（古典基督教在其中發展自己，事實上，也幫助文化的形而上學成形）的崩潰所感到的悲傷那特別尖銳的印記。當這支配一切的架構崩潰，基督教神學關於啟示的教導立時成了全然無用的及全然必要的：是無用的，因為恐怕不能反駁哲學的和道德的挑戰；是必要的，因為任何可能回應這挑戰的，看來終須要求藉著重建啟示的可能性而維護基督教的宣稱，而在這重建當中的指導之手經常是哲學的而非教義的。然而，缺乏活力和急需重建，同時是基督教教導在現代性中發現自己身陷嚴峻的**教義**的混亂失序（doctrinal disarray）中的病徵。如果啟示的教義已經崩潰及失陷，這就不單是因為基督教神學在嘗試回答其批評者以滿足他們的需求一事上，結結巴巴；也因為基督教神學發現自己極其缺乏能力地在其護教的及爭論的事業中，繼承及開展基督教信念的內在邏輯。而失敗的原因，基督教神學所負上的部分是：神學自身在其重要的向度中，已經不再跟條理地了解上帝的自我溝通保持連繫，取而代之的是下墜的或錯誤模塑的啟示教義版本。最顯著的是，這些對啟示約化了的描繪，就基督教有關上帝的教導當中特定的內容，嚴重地決斷不足。即是說，「啟示」相當輕易地被調移至成為普遍的「上帝的」(theistic)形而上學的看法之一種特徵。如此一來，啟示會被一般地闡述，而不會著意透過基督教在理解上帝一事上的特性來進行，即不會通過對上帝做具體的內容指涉，如基督論、聖靈論、拯救論及包含以上一切的三一論，來標示出啟示的確實性。這樣子了解啟示，把教義的元素減到極少，關於啟示的語言就變成了一種談論的方式，不是談論關乎在崇拜及見證的聚集中，上帝、我們主耶穌基督的父在聖靈能力中愛及賜生命的臨在，而是談及一個因果的難明過程，藉此人通過晦澀的、非自然的運作獲取知識。簡單來說，不能透過基督教對啟示的確實性來談論啟示，失敗的責任那怕是屬於對手或是維護者的，結果所留下的教義是可憐地軟弱無力，大概不會有能力從其已經身陷的反對網羅中脫身出來。

啟示的教義被這種方法掏空，而同時對其所作的要求卻又增加至無法容忍的程度。或許，這方面最突出的病徵是：基督教神學談論啟示的方式，是把它遷移至教義整體(dogmatic corpus)的開端，並且為基督教的宣稱之知識論保證(the epistemological warrants for Christian claim)擔負起粉飾的工作。這種把啟示收進基礎的做法，有兩個後果。首先，這促使啟示過度膨脹，因為它要負起為一切繼後的基督教教導的豎立，提供平台；並因而引申第二點，這加劇了啟示的講論在內容上脫離教義的考慮（三一、道成肉身、聖靈、教會），主要是通過誤置啟示的位置，以及重新安排啟示擔當其沒有預算需要履行的任務。就基督教對啟示的教導的命運，第二點特別對基督教就聖經（Scripture）本性的神學思考，造成損毀性的後果。因為隨著啟示的膨脹及其遷移至知識論的領域，就發展出與此平行的進程，藉此啟示與聖經被嚴格地等同。一旦這樣，聖經作為基督教信仰和神學的認識原理（*principium cognoscendi*）之角色，就被認為：聖經先於並且是其他一切作為形式原理（formal principle）的基督教教義的根據，這些其他一切教義都由聖經演繹出來。

如果要對抗這一令人不快的進程，需要的不是在不偏坦的理性法庭之前，更有效地辯護基督教對啟示的言說之可行性：這樣的辯護，一般都是在教義上薄弱的，並總是挑起憤怒，而非減少教義的困難。對啟示的看法在教義上決斷不足及錯置，只能藉著把它重新整合於整體的基督教教義的結構之中，特別是基督教的上帝教義，才可以被克服。這重新整合最重要的後果，將會是對那些認為啟示教義是基督教教導中具有擬似獨立地位的看法，提出疑問，這會反過來提供可能性：條理地闡釋啟示乃基督教對三一上帝的本性、目的和拯救性臨在的非常基本的確認的必然結果。再者，清理啟示的神學之中的某些失序混亂，將把基督教對聖經（Holy Scripture）教導，從那些操控啟示運作的某些禁忌中釋放出來，並由此鼓勵對這主題作出更為豐富的闡釋。

若出之於論題的形式，這裏要羅列的論點可以是這樣：**啟示是三一上帝的自我臨在／呈現，是上帝主權性恩慈的自由工作，在這工作當中上帝願意、建立及圓滿成就祂跟自己的拯救性團契，在這團契之中人類認識、愛和敬畏祂遠超一切事物**。

啟示，首先是三一**上帝的自我臨在／呈現**。即是說，啟示是一種方式，談及那些上帝讓祂自己臨在的行動；事實上，「啟示是⋯⋯神聖的臨在」。[9] 這可以循兩個方向開展。

首先，啟示的**內容**是上帝自己恰當的實在（proper reality）。啟示不可被認為是神祕資料或隱藏真理的傳遞，彷彿上帝在啟示之中取消了遮掩某些東西，而不是揭示其自己並把自己指給我們。對啟示的言說，並非言說某些離開上帝自己存有的實在，也並非言說某些上帝寄存在世界而可以成為任意操弄的東西。啟示是神聖的**自我**臨在／呈現，其內容等同於上帝。言說啟示，就只是指向神聖的自我言說（self-utterance）：我是我所是（I am who I am）。「啟示⋯⋯不過是上帝自己。」（“[R]evelation ... is nothing less than God Himself”）[10]

第二，啟示的**踐行者**（agent）是上帝自己：上帝呈現其自己。上帝的臨在的實現，並非由上帝以外的踐行者所實施。上帝不是無生命的或不活動的，而是雄辯的、「言說」其自己。事實上，以隱喻修辭來講述神聖啟示乃「上帝的話語」（God’s Word），其中部分的力度是用來指出，上帝是外向的（outgoing）、溝通的、先行的那位，祂來到受造物的實在中間，並向受造物的實在言說，讓祂自己呈現為那調整及決定整個實在的一位。

因此，啟示是跟上帝在其主動之自我臨在／呈現的三一存有等同的。作為父，上帝是這自我臨在／呈現的位格的意志（personal will）或源頭。作為子，上帝實現其自我臨在／呈現，支持並建立這自我臨在／呈現，對抗一切的反抗。作為聖靈，上帝圓滿這自我的臨在／呈現，使其對人類歷史並在人類歷史中落實成真實及起作用。言說「啟示」是談及，上帝乃是那位其存有是朝向其受造物，而祂自我運轉（self-movement）的目的是祂與我們同在。

第二，啟示作為上帝自由的自我臨在／呈現，是一種**主權性恩慈的自由工作**。上帝的啟示是上帝的**靈的**臨在（spiritual presence）：上帝是啟示行動的位格性主體，因此啟示不能被商品化。上帝是——就如士華特（Gérard Siegwalt）所言——啟示的「不可承載的內容」（uncontainable content）。[11] 作為靈的臨在，上帝的臨在是自由的，不是在其自己以外的任何實在可以喚起的，而是莊嚴地自發的和非外因的。啟示的源頭、實現及成就，無須任何上帝之外的東西。就像啟示是神聖恩慈的整個歷史的一部分，啟示是意料之外的、不應得的，其之所以可能只在於當上帝是（God is）、並且因為上帝是，以及依據上帝自己的方式而臨在／呈現。以巴特（Karl Barth）的古怪片語來說，就是「上帝是在祂話語的言說中的主」（"God is the Lord in the wording of His Word"）。[12]

這是為甚麼啟示是**奧祕**（mystery），是讓「上帝旨意的奧祕」(弗一9)顯明的。這是說，啟示是上帝的彰顯性臨在/呈現，只能以其自己的方式接近，並且不能轉換成某些簡單清楚的和可供分類掌握的東西。啟示是上帝的**臨在**，但因為這是**上帝的**臨在，它就不是直接的及毫不含混的開放，以致以為上帝是顯而易明的。以如下的方式思考：一個「開放與直接地給定的啟示」，[13] 將會把上帝的位格性啟示活動歷史化或自然化，並約化成一種內在世界的現象(intra-mundane phenomenon)，我們將會看見其危險已經折磨許多基督教對聖經(Holy Scripture)本性的神學討論。「那聖潔者(the holy)是明顯的，聖物(the sacral)永不是真正的聖潔。真正聖潔的是靈，不是物。上帝之言說(*Deus dixit*)，就是啟示(revelation)，不是已啟示的(revealedness)。」[14]

那麼，直到現在為止，啟示是上帝在其自由的恩慈中的自我臨在/呈現。作為自我臨在/呈現，啟示就是建立**拯救的團契**(saving fellowship)，這是第三點。啟示是有目的的。它的目的不單是神聖的自我顯示，而是克服人的反對、疏離和驕傲，以及以對上帝的認識、愛和敬畏來取代這一切。一言以蔽之，啟示是和好。巴特寫道：「這就是啟示的意思了，啟示的內容和動力是：和好已經作出並成就了。和好不是啟示要讓我們知道的真理；和好是上帝祂自己的真理，祂在其啟示中自由地把自己賜給我們。」[15]

啟示作為上帝恩典的臨在，其本身就是團契的建立。它不是上帝的某個行動，讓上帝在其中告訴我們祂的其他行動，並通過那些行動，我們可以跟祂和好；啟示反而是一種方式，指出上帝拯救的、創造團契的臨在所具有的溝通性力量。上帝以拯救者的身分臨在／呈現，因而是溝通性的臨在／呈現。「上帝乃啟示者」及「上帝乃復和者」，這些意念有時候在思想時被拖引至另外有別的方向：「啟示者」暗示著對我們跟上帝的關係作出一種過度的知識性了解，而「復和者」則透過強調有分（participation）於或共融（communion）於上帝的生命而修正前者的看法。[16] 但兩者對立只是表面的。因為一方面，跟上帝團契是溝通性團契，在當中上帝被認識；這不只是無意識地在存有論上有分於上帝（ontological participation in God）。而另一方面，在上帝的啟示中認識祂，也不只是認知的事情：那是認識**上帝**並因而愛及敬畏那位指派我們跟祂團契的上帝，而不只是以上帝為思想中的客體（mental object）來把玩，無論這客體是多麼崇高的。啟示因此不單是把認識的分歧（noetic divide；譯按：意指認識主體與認識客體的分割）嫁接起來——雖然也包括其在內——而且是復和、拯救並因而是團契。啟示這慣用語的道德和關係向度，跟其認知向度的分量同等。啟示是上帝自我賜予的臨在（self-giving presence），藉此而推翻對上帝的反抗，而在復和中把我們帶領進入上帝知識的亮光中去。

如果我們從這幅對啟示作為臨在、恩典和復和的簡要勾畫，退後一步，則會特別注意到，談論啟示的恰當教義性位置，便是基督教的三一教義，特別是三一上帝在其拯救的經世活動中那向外的、溝通性的恩慈。啟示是三一神學及拯救論的推論結果。「中心不是神聖的自我同一(self-identification),而是神聖的拯救行動。因此,較好的講法是,啟示首先是神聖行動的一種作用,藉此完成對受造物的拯救,就是人的眼瞎和無知也被清除。在這種情況下,啟示的教義應被了解為拯救的教義的一種作用。」[17]基督教神學對啟示要講的,不單是把其當作一種處理知識論問題的工具,或主要視之為對教會及神學論述的來源和規範這些問題的答案。啟示的教義可以回答這些關注,但它這樣做是作為其具體內容的應用或延伸,這具體內容是父、子和靈在其意願的、實現的和圓滿化的拯救團契中的主權性美好。「啟示」表示上帝在揀選、創造、護佑性秩序化、復和、審判及榮耀上帝的受造物的行動中,所顯示那具溝通性的、建立團契的軌道。

聖化

到現在為止,我們的論點可以小結為:基督教的啟示神學若割斷跟三一教義的連繫,就成為功能失調的;結果是,要重建啟示的教義,就不能不注意恰當的基督教上帝教義。由此,我們轉向以一般詞彙,勾畫聖經(Scripture)的受造物的實在對上帝自我溝通的經世活動的服事方式,這勾畫是透過闡述「聖化」(sanctification)這詞語。從最簡要的方式來說,聖化是聖靈上帝的行動,使受造物的進程變得神聖(hallowing),並使用這些過程為啟示在受造物的歷史中的成形而服事。正如啟示一樣，這裏涉及：三一教義由此而證明，其本身對於描繪上帝的自我溝通跟聖經文本的受造物的實在之間的關係，有其至關緊要的重要性。至為簡單的講法是，因為現代知識文化把上帝的超越性實在（transcendent reality）跟受造物的聖經文本（creaturely texts of the Bible）分為兩截的趨勢，只能借助基督教關於上帝三一式工作的教義才可以得以抗衡。這特別指到，對有關啟示與聖經（Bible）的關係的描繪，需要強烈地援引復活基督的聖靈之神學這樣的資源：視聖靈為三一上帝在創造、聖化受造物的實在中自由、主動的自我臨在／呈現，使受造物的實在可以作神聖的服事，更具體來說，可以感通寫成聖經作品（biblical writings）。

這樣的基督論式—聖靈論式的考量，有助聖經的神學（the theology of Scripture）逃離被某種重擔所打垮。這重擔已經激烈地折磨現代西方神學（特別是新教的神學）的知識良知，這重擔仍然持續地纏繞我們，為此已經出現缺乏共同共識的解決方案。這重擔就是下述的問題：我們要如何思想，聖經諸文本（biblical texts）——即所謂「自然的」或「歷史的」東西——跟關乎對上帝自我彰顯的活動之神學宣稱，這兩者之間的關係。這裏所涉及的難題並非單一的也非固定的，而充分地開展這些難題，將需要非常可觀周全的歷史。但是難題的核心可以以下述較為概要的詞項指示出來。

大多現代對聖經（Bible）的研究，都明白其使命不過是查考於早期鑑別學術發展時期中，為史賓諾莎

（Benedict de Spinoza）所稱為的「聖經（Scripture）的『歷史』」。[18] 這是說，聖經學者的工作包括了審查及解釋文本，以之為自然的東西來對其語言、出處、作者、接受及繼後發展進行查考。雖然某些現代鑑別策略的審查可能較史賓諾莎的方法（例如，分析聖經歷史的修辭的、社會—經濟的或意識形態的向度）更為細緻，但基本的自然主義（naturalism）仍然繼承不變。那些對文本在上帝啟示的經世活動中所扮演某種角色的斷言，在確定文本之所是一事上，被認為是不切題的。如果要處理這種對文本角色的考慮，那只有在對文本的內容於歷史的根據上作出基本的確定，才予以進行。對於基督教神學地描繪聖經，在這裏的難題不大在於要肯斷甚麼，而在於要否定甚麼。即是說，難題並非是如下的斷言：聖經諸文本（biblical texts）具有「自然的歷史」（natural history）；而是如下的否定：擁有「自然的歷史」的諸文本，在溝通性的神聖經世活動中可能起作用，而這作用是存有論地確定文本的。就是這否定，而非任何方法論的問題，要塑造教義性批判的焦點。[19]

這否定的背後，部分是因為西方基督教神學二元論及唯名論（nominalism）的複雜遺產，通過這些遺產，感官的和智思的領域（the sensible and intelligible realms）、歷史與永恆，被掰開為二，而受造物的諸樣式（creaturely forms），即語言、行動、制度，被否定具有任何能力指涉超越的上帝的臨在／呈現與活動。這樣的分裂滲透整個基督教的教導，可見於如下的爭議：稱義／成義

（justification）、教會的本性、神聖的恩典與人的自由意志，或是政治的社會之本性。然而，這些分裂在基督教教導聖經的本性時，卻被視為特別滿有生氣的，這至少有三個原因：聖經（Scripture）的卓越出眾，乃是新教教會生活和神學的規範；在後宗教改革運動（post-Reformation）的認信神學中浮現出來的聖經感通說（the inspiration of Scripture），具有特殊的構造元素；歷史科學在被應用到正典的基督教諸文本的過程中，獲得非比尋常的威望。一旦鑑別的歷史（critical history）出現並要主宰知識的文化，那麼，所有這些因素就合謀加深基督教神學所感染的災難。

然而，難題並不限於自然主義的聖經鑑別學者，因為應用於聖經諸文本（biblical texts）研究的現代歷史自然主義的二元論架構，在許多方面為那些拒絕鑑別的歷史的宣稱的人所共有。在現代性之中，基督教討論聖經（Bible）的神學語言落在失序的處境，這處境在下述情況底下被進一步惡化：某些神學家透過採取一種刺耳的超自然主義而迅速為聖經（Scripture）辯護；藉著差不多把聖經全然遷離歷史的偶然性的範圍，藉著對逐漸形式化及脫離教義的感通理論（theory of inspiration）的細緻演繹，而守護聖經（Bible）跟神聖啟示之間的關係。他們沒有調配神學資源去顯明，受造物的東西如何可以是神聖的自我臨在／呈現的僕人，反而是亟亟透過消除其中一項元素，即文本的受造性（the creatureliness of the text），而解消難題。從某一角度來看，結果是幻影說（docetic）的——文本在自然歷史中沒有任何意義的歸宿。從另一角度看，結果是諷刺地歷史化的，即是透過把文本視為顯而易見的受造物的客體（creaturely object），卻被賦予神聖特質，從而把文本跟啟示的關係非終末化（de-eschatologizing）。

可是，自然主義和超自然主義，同樣陷進超越的及歷史的競爭性了解之中。若不是透過把文本從上帝的自我溝通中分離出來，且不扮演任何角色，從而保護文本的自然性（naturalness）；就是藉著把文本從其生產的歷史境況中遷離出來，從而肯定文本跟啟示的關係。純粹自然主義和純粹超自然主義是彼此映現的鏡像，兩者同樣因為缺乏全面的聖經諸文本（biblical texts）的神學存有論，而注定錯誤地失敗。

墮入二元論，是跟下述情況分不開的：在神學地談及上帝和世界的關係時，從三一教義撤退出來。當我們以非三一的方式思考上帝對待世界的行動時，而特別當基督教關於復活基督的臨在／呈現及聖靈的活動的言說，對在世界之中的神聖行動並不提供任何思考的看法時，那麼神聖行動就被了解為外在的、干預的行動，跟受造物的實在並無任何真正的關係。事實上，上帝成了因果的意志（causal will），從外面干涉受造物的實在，但跟受造物並不關連起來。這種清楚不過的二元論架構，只能藉著以下方法才能打破：以「上帝透過復活的子並在聖靈的能力中，持續地自由臨在／呈現於受造物，並持續地自由與之建立關係」這樣的一種了解，取代了一元論的（monistic）和獨力的（monergistic）神聖因果性的觀念。在這持續的關係之中，受造物的活動與產物可以被轉化而服事上帝拯救的自我臨在／呈現，而無須廢棄其受造物的實質（creaturely substance），也無須跟上帝終末的自由妥協。

正正在這裏，聖化的意念可以展現其用途。因為把聖經視為「已經聖化的」（sanctified）這樣的看法，針對的是一組的難題，透過提供一種聖經諸文本（biblical texts）的教義式存有論（既不刪減其受造物性，亦不忽略其與上帝自由的自我溝通的關係），我們已經並繼續審視查考這些難題。最根本來說，這意念所講的是，聖經諸文本是受造物的實在，為三一上帝所分別出來，好服事其自我臨在／呈現。因此，聖化的言說把對聖經本性的討論，移離斯皮克曼（Gordon Spykman）所稱之為的「二重因素的神學」（two-factor theologies）[20] 的二元論，這種神學仍然要求在神聖的或是人性的文本之間、感通或自然主義之間，作出選擇。

然而，在還沒有進到更仔細探討聖化的意念之前，檢視一下可能用來講述受造物的文本跟神聖啟示的關係的眾多不同詞語，是很重要的。有五個詞語特別重要。

首先，新教教義學的長遠傳統，對於使用人類語言和文本作為神聖真實的溝通，都是訴諸於關於神聖的屈就（accommodation）或屈尊（condescension）行動的意念。然而，正如新教經院主義（Protestant scholasticism）所闡釋的，屈就的意念跟下述過度清楚的區分，綁得太緊：一方面是啟示的形式、方法或模樣（mode），另一方面是啟示的內容。前者（形式）跟聖經諸文本的人性性格相關，後者（內容）則跟神聖智慧相關，形式對這智慧來說是外在的。對於聖經諸文本在上帝自我啟示的經世活動中是其所是，雖然屈就及（特別是）屈尊給予其恰當的重視，但形式與內容的區分可以造成的後果，就是藉著強化文本的受造物性只為外在的和偶發的，從而深化二元論的難題。

若使用兩性聯合（hypostatic union）作為類比來掌握聖經中（Scripture）神聖及人性元素的關係，即跟在已成人身的道之中神性與人性的結合一樣，在聖經話語（Scripture word）之中，神聖的與人性的元素結合一起而不相混亂不相分離；這樣，一個相關的問題就出現了。就如任何延伸道成肉身（incarnation）的意念（例如在教會論或倫理學之中）一樣，結果可以是基督論的災難，很可能威脅到道的成肉身之獨特性，使「道成肉身」成了上帝在受造物的實在中、透過受造物的實在或在受造物的實在之下（in, through or under creaturely reality）的神聖行動的普遍原理或性徵。但是，道成肉身與聖經話語是不能互相等同的實在。再者，應用兩性聯合的類比並不能避免，藉著宣稱在聖經諸文本（biblical texts）與上帝自我溝通之間的某些存有論的同一性，而神聖化聖經（Bible）。為了對抗這一舉動，就要斷定不可把神聖本性或特質歸為聖經（Scripture）的，聖經的實質是受造物的實在（即或它是附屬於上帝自我臨在／呈現的一種受造物的實在），而其跟上帝的關係是工具性的。在聖經（Bible）的情況來說，並不存在「神聖的跟人性的因素的聯合」這一問題，而只有「人性的話語**作為**上帝的話語這一奧祕」（the mystery of the human words as God's Word)。[21]

使我們較少被誘騙陷入上述難題的，是第三個概念，即聖經(Scripture)乃先知的及使徒的見證(prophetic and apostolic testimony)，這講法在巴特所有的著作中都普遍地被使用，不過它在改革宗神學(Reformed theology)的其他地方也可以找到。這詞語之所以成為特別有幫助的，原因是它保留了聖經材料(biblical materials)的人性性格，而沒有忽略這些材料是指向上帝的話語及工作。恰恰是「見證」這文學體裁/類型(genre)——一種表明在其自身之外的實在之語言——特別適合於描繪，受造物的東西在神聖的經世活動之中履行其作用的途徑，而沒有求助於任何造成聖化文本的概念，因為(就如先知式或使徒式的見證)見證所見證的不是其自己，它是一個指向其自己之外的指涉。然而，某些謹慎仔細的規限是需要的，因為聖經作為人對上帝啟示活動的見證，可以意味著某種在文本及啟示之間的關係為偶發的。特別當見證在本質上所具有的不相稱性或受造物的脆弱性被強調(這是為了保護神聖話語的純潔性)，問題就來了，就是文本及其所見證的啟示之間，看來並沒有甚麼內在關係。這樣一來，聖經(Bible)依附於啟示，這看來會是隨意的：文本被視為一種完全是及純粹是自然的東西，被上帝的自我溝通所挪用。結果就是奇怪的文本嗣子論(adoptionism)。然而，如果要減輕困難，那就要對上帝和文本的關係之廣泛領域，進行仔細的教義式描繪，大多是透過對聖靈上帝在聖化所有文本的生產、保存和解釋過程中的活動，提供神學的描繪。因此，對神聖行動與文本的關係之薄弱研究，要予以充實，而沒有陷入掏空文本的受造物性這難題中；這難題使得屈就的言說或兩性聯合的類比受盡折磨。

同樣的強項，其中部分可以在第四個概念之中找到，這概念就是聖經(Scripture)作為「恩典的器具」(means of grace)。這概念的好處在於其為一拯救論的慣用語，以聖經在上帝拯救人類的舉動中的位置來闡釋其本性，而非以聖經只是權威或知識論的規範。[22] 然而，這當中主要在於怎樣了解「器具」。就像聖經作為見證的意念，這概念讓我們肯斷聖經在上帝的自我溝通中的工具性角色，而沒有賦予器具任何神聖。可是，任何中介神學(theology of mediation；即聖禮的、職事的及象徵的，還有文本的)都有一種傾向，就是容許中介的實在，虧蝕上帝在基督及聖靈裏的自我中介(self-mediation of God in Christ and Spirit)。即是，任何「器具」的意念，都要淨化其假設：被中介的神聖實在，其自己是沒有活動或缺席的，直至藉某些中介東西的中介活動而「臨在/呈現」。這裏見證的意念有某些好處，在其中聖經被視為一指涉，指向另一溝通性踐行者的主動臨在/呈現，而非作為一種中間的媒介物(intermediary)，用來連結神聖實在與人的歷史經驗之間的鴻溝。再一次，基督論和聖靈論在條理化的教義闡釋中是關鍵的。

最後一個概念，是在許多方面非常接近「聖化」的概念的，就是聖經(Scripture)的「僕人形式」(servant-form)的概念，這是柏可威爾(Gerrit C. Berkouwer)在其優異的研究《聖經》(*Holy Scripture*)中所發展出來的，但他借助了其前輩巴文克(Herman Bavinck)很多。通觀全書，柏可威爾針對那種在談論神聖啟示時沒有任何根據的超越主義(transcendentalism)，從而作出批駁。他論說：神聖啟示「不能被視為僅只是觸及我們實在的圈子，卻隨後立即遠離而已」。[23] 相反，啟示——上帝作為話語的主動臨在/呈現——要被了解為「在瓦器中的寶貝」(林後五7)，聖經(Scripture)是神聖行動中合適的受造物式僕人(creaturely servant)。「上帝的話語，即以僕人形式出現的聖經，並不是在那種擺脫時間和人性軟弱的超自然的奇蹟的描繪勾畫中被我們認識的……而是在以人類話語和作品的形式中被認識的。」[24] 聖經作為僕人的概念，其好處是肯定文本的受造物性沒有禁止其在上帝溝通性自我臨在/呈現中的角色，因此文本並不需要披戴神聖的特質作為保護，以對抗偶發性。

讓我們把線索接合起來。雖然以「屈就」的意念及兩性聯合的類比，來勾畫受造物的文本跟神聖啟示的關係，有可能陷入超越主義的困難，但是聖經(Scripture)的「見證」、「恩典的器具」及「僕人性格」等意念，都是抗衡掉入二元論的資源。可是，在這裏我們選擇特別使用文本作為「聖化」的實在這一概念，主要是因為聖化的概念用在聖經諸文本(biblical texts)時，有更寬闊的範圍。見證、恩典的器具和僕人服事等意念，大多自然地用於文本作為已經完成的東西，但聖化卻可以更容易地應用於整個過程：文本自前文本傳統(pre-textual tradition)到釋經的整個過程都可被述及，並因而保留「感通」這詞語，以描述聖經（Scripture）在恩典的經世活動中的服事那特別的**文本**向度。

廣義來說，聖化指的是基督的靈（the Spirit of Christ）的工作，藉此，受造物的實在被揀選、形塑和保存，以在拯救的經世活動中履行其角色：受造物的實在因神聖的「使用」而被聖化。但強調下述看法是重要的：神聖的「使用」，雖然終究全是無故的，但卻不只是臨時的或剎那的（punctiliar），不只是從上而下的行動，抓住及掌控受造物的實在，任用這實在，然後置之一旁。如果離開對聖化事件所作的指涉，受造物的實在的聖潔肯定地是不能想像的，因為受造物的聖潔是上帝的「活潑工作，是祂干預的果子和祂臨在/呈現的結果……是祂來臨中的事件，是跟祂的愛和自由相應的位格性和決斷性姿勢。」[25] 但正正受造物的實在在其自由的超越性上，被使用來服事，神聖的使用就具有恰當的「水平橫向的」向度，以及全然的「垂直的」向度。受造物的實在，其整個歷史進程都被揀選及監管，以致成為可以服事上帝的目的的受造物。聖化因而並非把受造物的實在，從其自身的受造物性中提取出來，而是附加於及條理化其進程，以致可以適合協助那些對上帝來說是恰當的工作。

是的，在聖化觀念中的元素，乃是一種對上帝的了解，既非自然神論的（deist）亦非二元論的（dualist）。作為聖靈的工作，聖化是一過程，在其中，當受造物的元素被命令及模造進入神聖的服事，它就在上帝無限制的自由中被賜予其真正的實在。進行聖化的聖靈上帝，同時是主及生命的賜予者。聖化的聖靈是主（Lord），即是說，聖化在簡單直接的意思下，並非為一個上帝與受造物合作或協調的過程，把受造物自身所擁有的某些內在聖潔取出或建立起來。聖化是**使之**（making）聖潔。聖潔嚴格地是不能分有的（incommunicable）神聖屬性，如果受造物的實在成為聖潔，那便是出於揀選，即出於作為主的聖靈其主權性的分別或分離的行動。因此，在這樣的意思底下，聖化的作品（*sancta scriptura*）的聖化（*sanctitas*），就是分別（*aliena*）。可是，聖靈是**生命賜予者**（Life-giver）、施予者，施予受造物真正的和不能剝奪的實質。從垂直的「主權」（lordrship）湧流出的是橫向的生命，這生命是真正地**被賜予的**（truly given）。分離、揀選以至聖潔，並非廢棄受造物性，而是創造及保存之。在這樣的意義下，聖化的作品的聖化，便是流出賜予（*infusa*）。

聖化這意念如何可以特別地應用到聖經諸文本（biblical texts）在恩典的經世活動中的本性及作用？作為聖靈的工作，聖化整合以下兩者：溝通性的神聖行動和那些被委任服事上帝自我臨在／呈現的元素的受造物性。因此，以聖經諸文本為**神聖**（Holy）經典（Scripture），指明了有關其在神聖啟示中的位置之兩重確信。首先，因為它們被聖化了，諸文本不單只是「自然的」東西，不能全然地以此來定義和解釋。它們是聖靈公布上帝知識的活動場所。第二，因為聖化沒有消除受造物性，諸文本在神聖經世活動中的位置，無須從人的過程領域中撤離。諸文本是以其**作為**（as）受造物的實在之身分，而不是**儘管**（despite）是受造物的實在，來服事上帝的。[26]

這樣使用聖化的語言，可能有助把神學從那些差勁的二元論中抖落出來，這些二元論糾纏著對聖經（Scripture）的言說。聖化的文本是受造物的，而非神聖的。聖經在拯救恩典的經世活動中的位置，並不需要透過神聖化而得以保障，這神聖化指的是把神聖的特質毫不含糊地歸於文本。但是作為受造物的，文本不會因而減少其服事的可行性；正正因為**作為受造物**（as creature），文本被聖化（被分別出來、成形及維持）以服事上帝。關鍵的是，「受造物性」（creatureliness）不要跟「自然性」（nautralness）混淆。後者的概念在自然與超自然的對立中很容易把握；前者的（聖靈論式）概念容許受造物（在這情況中則為文本）能夠成為神聖行動的器具，而沒有損毀其自身的實質。作為被聖化的受造物，文本並不是擬似神聖的人造物：聖化不是變質（transubstantiation）。文本也不是一件全然自然的產物，為超自然的踐行者隨意地任用。聖化是聖靈的行動，條理化受造物的歷史和存有，以能在行動上成為上帝的婢女（*ancilla Domini*）為其目的。

在這樣的基礎底下，我們可以對文本的存有論說些甚麼？在聖靈的聖化工作所作的條理舉動中，文本獲取其存有，其存有論是由上帝的聖靈那形塑性經世活動所定義的。如果我們對此難以掌握，那是因為我們經常持有一個以為是自證的權威性慣常見解，就是所有文本都只是自然的、歷史的東西，而聖經（Bible）要「像任何其他文本」一般來閱讀，因為它**是**（is）文本，而所有文本基本上都是同類的東西。但是，一般的文本理論已顯示其自身只有貧乏的神學用途。這樣的理論慣常地斷定文本一般是甚麼，然後進而把得出的定義和規則應用到具體的文本去。是以，詹融（Werner Jeanrond）的《作為神學思考的範疇的文本及解釋》（*Text and Interpretation as Categories of Theological Thinking*）[27]——無疑是就此論辯最為細緻的一個例子——建議查考「文本的文本性」（the textuality of texts），[28] 作為「發展一種了解文本理論」的一部分，「以便把神學的文本解釋建立在一個合適的基礎理論上面」。[29] 這策略的難處，不單是基礎主義（foundationalism）無可避免地伴同著對「解釋理論的超越地位」的斷言，[30] 還有一個更深層而關於存有論的難題：假定文本的存有，是由其在溝通活動的自然場域中所佔有的空間來決定的。現代聖經鑑別學研究和現代哲學的—神學的解釋學，同樣是以這樣的自然主義的存有論假設為依據。正是這樣的假設，即聖經的作品（biblical writings）是自然類別的文本的例子，需要被抵抗。解釋學地說，這是一種毀滅性的、甚至荒謬可笑的假設，因為它引致如下的荒謬：發展一種細緻精巧的鑑別工具，用來閱讀聖經諸文本（biblical texts），而不是把諸文本看為其之所是（諸文本是以上帝之名向讀者言說的），只是把聖經諸文本簡單地當作文本的線索來閱讀，以完成重建母體的事業（這些文本的線索便是從這母體湧現出來的）。教義學地說，這假設是要被駁斥的，因為其宣稱：對文本作「自然的」了解，較把文本當「聖經」(scriptural)來了解更為基本。一言以蔽之：聖經的文本**是**聖經(the biblical text is Scripture)；其存有不是單單由其所屬的文本類別所定義，而是由如下的事實所定義的：正是**這**文本(this text；被聖化的，即是，聖靈所生出及保存的)在**這**行動的場域中(in this field of action；這行動的場域是上帝對其失喪的受造物的恩慈友誼那溝通性的經世活動)。

聖化不是限於已完成作品的文本之中，而是可以合法地延伸至更廣闊的踐行者及行動的場域，文本是其中的一部分。聖靈跟文本的關係擴展至聖靈在上帝子民生活中的活動，這活動形成了文本被塑造及服事神聖的自我臨在/呈現的環境。因而聖化能恰當地伸展至文本生產的過程——不單只是作者(通常是古舊的感通理論)，而同時是複雜的前文學歷史（histories of pre-literary)及文學傳統（literary tradition)，編修（redaction)及編纂（compilation)；同樣地，聖化可以延伸至文本的其後歷史（post-history of the text)，尤其特別的是正典化（canonisation；乃是教會在聖靈的作用底下對聖經〔Scripture〕的見證作出承認)和解釋(乃是本自聖靈開啟的悔改和對上帝話語的忠心專注)。魏斯科(Brooke F. Westcott)曾經就著聖經正典化的過程寫道：「我們不能夠明白基督教的歷史，除非我們認得聖靈在基督教社會(Christian Society)中的行動」，[31] 而他的要點，即「一個對聖經的神學描繪，要求對上帝子民整個廣闊的生命與行動作聖靈式閱讀」，對我們的主題有著根本的重要性。當然，這並非表示，環繞聖經作品（biblical writings）的前、後歷史此一歷史過程，要被約化為一「惰性管道」（inert conduit），[32] 任何感通以外的，都能夠被約化為木偶戲。再次，規則是：聖化**建立**（establishes）而非廢棄受造物性。

有了這樣的想法，我們就可以轉而更仔細地查看聖經的感通（the inspiration of Scripture）這意念。

感通

感通是把廣義的聖化意念（即，使受造物的實在神聖化，以使啟示取得形式）作特殊的文本的應用。聖化指向的是教義的文本存有論，視文本為神聖自我溝通性臨在／呈現的僕人；感通指向的則是基督的聖靈對文本所作的特殊工作。然而，感通的意念就像啟示的意念，如果從其在恰當的教義位置中移離，它就很容易陷入某些概念的圈套之中。是以，關鍵的使命是去「澄清那被歸屬於上帝的詞項『感通』（inspire）的邏輯」。[33] 當然，這樣的澄清不僅在於概念上的，基本上乃是教義性的，即是對教會的思想和言說作出條理的及合宜的安排，以遵從自我條理的福音真理。如果一個對感通的說明是教義性地有益的，它必須滿足三個特殊的要求。

首先，神學對聖經（Scripture）的感通之言說，需要隸屬於及倚賴於啟示這一更闊的概念。如果容許感通的意念誇大自己及盜取了聖經學（bibliology）的中心位置，這失序就會威脅聖經的神學（theology of Scripture）。如果聖經其確實產生的模態（mode）；以及——最重要的是——聖靈在啟示被寫成聖經中所扮演的角色，成為一切其他教義的關鍵所在；那麼，失序就開始發生了。對於這樣子的解釋，感通並非由啟示推演出來並由此而獲得其形式；相反，它是基礎的（foundational）：因為聖經是被感通的，所以它是啟示的。這失序開始出現的準確歷史時刻——無論是十七世紀初的歐洲新教，或是十九世紀的美國改革宗的神學——在這裏並不是討論的焦點。無論失序的生起是怎樣的，其結果是歪曲聖經的神學其教義的架構（dogmatic framework of the theology of Scripture）：啟示的神聖行動其恰當的首出性被趕走，其位置就被一種對聖靈在生出聖經文本（biblical text）之工作所作出的特殊構想取代。如海柏（Heinrich Heppe）所言（他所批評的是改革宗的經院學者，但其所說的可作廣泛的應用）：關於這模式，「聖經的『神聖性』（divineness）〔是〕純粹由其記錄的方式所衍生，而不是由其諸作者有分於啟示的事實及上帝的拯救行動所衍生的」。[34]

然而，恰當地了解感通，就是並不以之為基礎的而是衍生的（derivative），這是上帝的自我臨在／呈現，透過護佑性條理及聖化受造物這輔助者而取得形式的必然結果。對聖經的感通（biblical inspiration）的言說，需要跟隨下述事實：上帝透過聖經（Holy Scripture）以拯救的福音向教會說話。把這方向逆轉過來，就變成因為聖經（Scripture）是被感通的，所以教會認識聖經所宣告的乃是拯救的話語，這就讓那種需要知識論的保證的壓力，扭曲了一切。事實上，這是把感通弄成一種形式性特質，但卻跟聖經（Scripture）的福音內容不能充分地配合，並且這認為，上帝的溝通性臨在／呈現，取決於文本的被感通性（inspiredness）這一已被證明的信念。加爾文（John Calvin）於一五四二年對巴黎信條（Paris Articles）所發出的《矯正方法》（*Antidote*）中，處理事情的手法迥異，他說：「既然信仰的確定性應只來自上帝而非別的，我們得出的結論是，真信仰是只建立於聖經，這聖經是由祂所生出的，因為無論祂想要我們知道的是甚麼，以及所知的都是有用的，在聖經中祂總是喜悅地教導所有的而非部分的。」[35] 信仰的確定性只建基於上帝，而非感通；信仰是「建基」於聖經，這不是因為聖經作為被感通的形式性特質，而是因為聖經乃由上帝生出的神聖教導的工具。在這樣的脈絡中，感通的言說將有其位置；但離開了那脈絡，就會走錯路。[36]

因此，第二，對感通的意念的闡釋，需要避免同時客觀化和靈意化（spiritualising）這神聖的活動。

客觀化的發生，在於把聖經的感通以如下的方式闡釋：啟示的臨到是以世界的東西的方式而非以上帝的方式。在啟示的客觀化說明中，被感通的**產品**（the inspired product）較神聖踐行者那啟示的、聖化的和感通的活動，更具優先性。但恰當地了解，感通並不意味著聖經（Scripture）把其在我們面前所擺出的福音真理，變成某些在手的東西，即是那恆常地獨立於上帝的話語和工作而可以被拿到手的東西；也不意味著變成一種**具**

體化（embodies）而非**服事**（serves）上帝臨在的東西。感通並沒有帶來上帝奧祕的終結，它只是聖靈的行動，透過這行動，這一組文本由上帝而生出，以表明祂那不可冥化的臨在/呈現。感通是聖靈自由的模態，而不是被文字所限制的。再一次，那種改變方向的壓力通常來自知識論的關懷，即是來自一個需要：藉著指向感通，而保護聖經的基礎性地位，即視聖經為真理之不可動搖的根基（*inconcussum fundamentum veritatis*）和認知原理（*principium cognoscendi*）。結果，感通變成「最純粹形式的知識論式天啟觀念」，[37] 沒有終末論的知識；而這種教義學一定要戒絕。

靈意化的感通意念避免了客觀化，因為它把重心從文本轉移至與文本相關的人，無論是作者或是讀者。因此，十九世紀丹麥主教馬天生（Martensen）把聖經（Scripture）的感通，闡釋為「使徒的感通」或「使徒意識」的一種作用；[38] 並不是聖經被感通而成，而是聖經是「感通的**成熟果子**」。[39] 再或者，麥奎利（John Macquarrie）提出一種對聖經的感通的說明，是把聖經跟羣體對文本的接受掛勾，而非跟文本本身掛勾：「感通」講的是「能力，再次帶來或再現（re-presenting）原初啟示的揭露，以至啟示可以在我們的當下經驗中跟我們說話」，而這「並不在於話語（這不是『口頭感通』），乃是屬於諸經典（scriptures）的，只有當這些經典被置於羣體的整個信仰生命的脈絡中」。[40] 最近，羅大衛（David Law）建構了一個感通的解說，這解說並不指向聖經文本（biblical text）本身而是其讀者。「『感通』……不是描述文本特別具體的特性，而是指出讀者應該如何處理聖經（Bible）。它形構如下的洞見：人本身跟聖經的恰當關係，在於人對上帝透過聖經所傳遞的話語的順服。」[41] 因此，「讀者在閱讀聖經、建構文本意義時的角色，使得感通的概念再一次出現，但現在感通是首先被置於**讀者**身上」。[42] 事實上，「感通」這詞語給予讀者的主體性意向（subjective dispositions）一個相當光明的神學註解，消除了任何「客觀進路對感通的提問」——按照其他根據、理由來說，這提問被那本書判定為一種「不可能性」。[43]

在這樣的說明中，存在許多教義的困難。在這樣的感通意念中，無可避免存在的是內在主義的（immanentist）角色，這是因為我們「把**讀者**跟聖經作品（biblical writings）的關係，視為建構感通神學的起點」[44]（雖然至少在馬天生的例子中，「使徒意識」的意念被一種相當嚴謹的運作性聖靈論所支持[45]）。但是還有更為嚴重的困難，如某種如下的幻影說：客觀化的危險藉著限制聖靈對使徒（馬天生）、羣體（麥奎利）或讀者（羅大衛）心靈生命（psychic life）工作的範圍而被抗衡，在這情況下，文本自身並沒有被上帝的感通行動所觸及。在這些難題底下的是第三個難題，即對言說通過聖經（Scripture）的文本服事而來的神聖行動，採取緘默，這是羅大衛稱為神聖作者的「無從觸摸」及「不可觸及」。[46] 而在聖經及其解釋的現代歷史之中，自我溝通的神聖臨在／呈現因撤退所留下的鴻溝，被讀者的活動所填滿。

客觀化和靈意化同樣傾向重複二元論，在當中聖化的意念要被消除。再者，兩者同時是聖靈論地滿有缺陷的，無論是把聖靈跟文本的關係界定為文本的特質（textual property *tout court*），或是聖靈與文本的過度分離。一個對感通更為條理的解說模式，將因此而拒絕把感通界定為文本的特質，或界定為作者、羣體或讀者的經驗，取而代之的是提供一種對感通的説明：主要關注到在上帝的靈的自我臨在／呈現（God's spiritual self-presence）的場域中，文本的溝通性作用。

第三，感通的神學意念需要清晰地跟聖經（Holy Scripture）的目的關連起來而被闡釋；聖經的目的就是服事上帝的自我彰顯。就如某些粗糙的禮儀式聖禮實在論（cultic sacramental realism；感通是其近親），愚鈍的口頭感通意念可以把受造物的實在抽離其拯救的脈絡，因而破壞了其與道（Word）、聖靈及信仰之間的相互內住。一旦這被容許發生，經典的話語（scriptural word）——像隔離了的聖禮元素——成了道，道成了文本（Word made text），被形式化了、非處境化了及因而被教義性地取代了。在這過程中，論證的壓力隱然巨大，一旦聖經（Scripture）的感通，其神學討論的位置從神聖教義（*sacra doctrina*）轉移到基礎，而這樣討論的目的，又在於建立一種無誤的教義性資源和規範，那麼，感通就成了只是建構一種保障聖經的**神學性**權威（theological authority）的意念，因此，其角色是可以爭議的。當然，這過程是更闊的歷史轉移的一面，這轉移是關乎神學及神學對聖經（Bible）本性的思考，從實踐的—拯救的（practical-soteriological）關注，轉到理論的—論證的（theoretical-polemical）事情；對於這轉移的反響，整個基督教教義學都全面感受到，但這轉移對聖經的討論具有特別明顯的影響，再一次，條理的教義學必須避免這影響。

帶著這三個初步的提醒，我們進而較為正面地解說感通的本性，方式是註解新約聖經就此而作的基本陳述：「人受聖靈的感通，說出從上帝而來的話。」（彼後一21；《聖經新譯本》；譯按：「感通」原譯為「感動」）我們藉著概念地演繹，從而指出四點。

首先，任何對感通的解釋，其指導性主題必定是 ἀπὸ Θεοῦ（從上帝而來）：感通，首先不是文本的特質，而是神聖的運動並因而是一種神聖的感動（a divine moving）。是以，在任何對感通作充分的說明中，ἀπὸ Θεοῦ 的元素必定是**運作性的**（operative）和**非轉換性的**（non-convertible）。它必定是如下的運作性意義：關於上帝的活動和目的的語言，不是只置在背景裏、指向一遠離塵世的因果過程、沒有任何當下或直接果效的。對聖經的感通（scriptural inspiration）的解說，異常的自然神論的討論並非是不常有的，因為聖經文本（biblical text）自身在過去藉著神聖的感通的行動，可以成為啟示的踐行者。可是，ἀπὸ Θεοῦ 由此轉換成一內容的條件（material condition），「運動」被捕捉了、客觀化了及商品化了。但要言說感通，不是要懸擱神聖的自我臨在/呈現的語言，而是要追蹤其於受造物的領域中的其中一個延伸。

第二，這「從上帝而來」帶著一否定：「預言不是出於人意的」（οὐ ... θελήματι ἀνθρώπου；《聖經新譯本》）。對感通的言說指出，生產聖經文本的動力不在於人的自發性。聖經（Scripture）**作為文本**，在任何基本意義上都不是人類創作的成果，其跟人類意志（在這裏，即指文學的創作性）的關係是屬於另一個層次的。這是因為，文本自己生起的領域並不是宗教天才的領域，而是「我們主耶穌基督的大能和降臨」（彼後一 16；《聖經新譯本》）的領域。這降臨，就其自己展示的奧祕來說，意即：神聖榮耀的證明，並非一種「巧妙捏造傳奇的故事」（16 節；《聖經新譯本》），這事情並非出於自主的、自生的運動，而是「被感動」（being moved）而說出來的。

第三，這「被感動」特別是適用於聖靈。有關聖靈的語言，從兩條途徑把言說上帝（talk of God）延伸至受造物的領域。這語言保證受造物的客體和事業真的是**被感動的**實在（moved realities）；受造物的運動並不是跟上帝截斷了通道，因為這會否定福音作為**神聖的**來臨（παρουσία；16 節）的性格。這語言保證神聖的來臨不純是超越的；有關聖靈的語言同樣是用來抗衡下列兩種情況的：先知言論的世俗化及受造物性的消除。

第四，聖靈生出語言。雖然在這裏彼得後書論到有關經典（scripture；γραφή）所講的，基本上是連繫著先知講論（προφητεία）而講的，但是其應用性是明顯的：聖靈的感動（moving）、ἀπὸ Θεοῦ 的方向，是朝向人的溝通性行動。那些被聖靈感動的，就**說話了**（spoke）。

這裏我們來到**口頭**感通（verbal inspiration）這意念的特殊實在（*particula veri*）。因為口頭感通常被錯誤表述形構（有時是出自其辯護者，但差不多更多時候是來自其誣蔑者），而成為一種神聖默寫（divine dictation），感通的意念被「人格化」（personalised）或者被「去語言化」（de-verbalised），以及再被定義為權威的光照。這樣把感通跟文本的語言性格拉遠距離，以便提供一感通的解說，被認為是減少以下的困難：文本的話語乃純粹人類範圍的活動，無論是作者的、編纂者的或傳統整理者（tradents）的活動。但再一次，結果是幻影說的。這意味著，把（被感通的）內容與（受造物的）形式分別開來是有毛病的，以及很容易使得作者（或許是羣體）的意識或經驗，成為文本的真正實質，而話語則是外在的表達。不幸地，這跟某些風格的聖餐神學（eucharistic theology）很相近。那些聖餐神學認為，聖禮乃是福音與宗教意識的轉換過渡，可見的形式是偶然附加的；不單是獻祭，感通也關注上帝的溝通與特殊的受造物形式之間的關系；即是，感通涉及**話語**（words）。

然後，我們怎樣了解較為古舊的新教神學用語：書寫命任（*mandatum scribendi*）或書寫動力（*impulsum scribendi*），是哪一種意思呢？聖經（Scripture）的話語跟上帝溝通性自我臨在/呈現的關係，不單是偶發的；啟示所驅使的是寫作。並且因為我們沒有把聖經的話語視為純粹的自然產物，所以把聖靈的驅動力視為捲入語言的提示（*suggestio verborum*）是恰當的。被感通的不單是聖經的**內**

容（matter, *res*），並且也是其語言**形式**（form, *forma*）。可是，提示、命任、驅動力都是復活耶穌的聖靈的行動（這聖靈臨在祂的受造物之中），這些行動都不是一沉默和孤高的能力的因果工作。復活基督的聖靈的行動，沒有使受造物性被懸擱起來。先知和使徒都不是「僅僅被動的踐行者，在思想上和意志上毫不主動、猶如傳音筒那樣服事聖靈……雖然先知被聖靈所感動或驅使，他們**自己**亦説話……他們自己的活動並沒有因聖靈的感動而被懸擱，反而被提升、激活和溝通」。[47] 被聖靈「感動」並不單是被動地被促使，聖靈的提示和人的著述是直接成正比的而不是反比的，感通人的聖靈工作和被感通的受造物工作，是同步的（concursive）而非對立矛盾的。默寫或視聖經作者（biblical writers）乃聖靈的筆記員等這些講法，是有困難的，就是不單止這種意念使得文本不被承認為人在歷史中的產物，並且這是利用了如下的混淆：把「上帝為一切的因」（God's omnicausality）和「上帝為惟一的因」（God's sole causality）混淆了。

再者，書寫命任不是純粹由「垂直的」詞語所解釋的，正如當「寫作」（writing）跟「默寫」被混淆之時所發生的那樣，或是當把感通視為一種上身或出神（trance），結果把話題內容抽離了生命連結的歷史和文化之時所發生的那樣。命任確實是超越的，命任**驅動**作者。但這不單是內貫的及不規則的推動，並且也是有條理整頓和形塑文化、傳統、機遇和作者。恰當地了解，「口頭」感通不是把話語抽離其生產或接受的場域，不是使文本變得不成歷史的東西，不是使文本自身成了神聖的踐行者。這也不是忽略上帝啟示性臨在/呈現，以討好某種對源初感通（originary inspiration）的解說。這只是指出，在聖靈聖化的工作之中，是包括諸文本在內的，以致這些文本可以成為承載福音寶貝的合用器皿。

結論

這一章的用力在於提出，為基督教對聖經（Holy Scripture）的本性作神學解說時，要置之於恰當的位置，就是置之於基督教的上帝教義之中。具體來說，神學對聖經（Scripture）的斷語，是對下述具有一種基督教確信的功用：上帝讓其自身以拯救者的身分臨在/呈現並建立約的團契。[48] 就如普魯伊斯（Robert Preus）在他對正統信義宗神學的聖經學之研究中所講的，聖經的教義「具有其真正意涵，只在於以拯救論的角度來看待，在於視其為上帝拯救計劃中的一項運作性因素」。[49] 上帝這拯救性自我彰顯包括其範圍內的行動，藉此，基督的聖靈聖化和感通受造物的實在，使之成為上帝臨在/呈現的僕人。這樣對聖經的本性所作的基督論的—聖靈論的澄清，使得神學作出極其重要的動作，就是給予聖經諸文本（biblical texts）的存有一種解說：這聖經諸文本是有別於啟示但卻跟啟示不分離的。[50]

這一切是否較存有—神學（onto-theology）所具有的邏各斯中心式（logocentric）混亂更差勁？這是否只是另一宣稱，認為上帝的話語「無須信使」（without *courrier*）？[51]

一絲不苟地對概念如啟示、聖化和感動作教義的規限，目的正正是要顯示出，這些批評只是針對那些粗糙地約化了聖經（Holy Scripture）本性的言說。並且除此之外，聖靈的聖化和感通工作，永不能夠只是多一個可被佔有的對象、多一種基督教的文化氣候。被聖化和感通的聖經（Scripture）是器皿，見證上帝莊嚴的臨在／呈現，它要破碎自己以完成這一工作。「不要上帝和我們說話，恐怕我們死亡」（出二十 19）。這是以色列人在西奈山聚集時說的。無論我們對聖經說甚麼也好，都一定不能抵觸自我啟示的上帝其終末論的超越性。當然，對事情作三一式的解說，並不會把上帝的超越性跟其對受造物的僕人的揀選，包括文本的僕人，相對立起來。上帝的自由沒有廢棄「聖靈向我們宣告我們有能力服事〔上帝的〕話語這應許」。[52] 但是「聖靈／精神」（Spirit）和「文字」（letter）的張力，可能永遠不能徹底解決，因為像主權、聖殿和獻祭，文本也能夠從拯救歷史中被擺脱出來，從神聖的臨在／呈現中被抽離出來，被實證化（positivised；譯按：具有僵化的意思）而成了一種掌握上帝的工具。然而，聖化和感通不是某些方式，以約化上帝那言說的恐怖，而是指出我們在聖經所相遇的，乃是上帝針對我們的驚人的恩慈。

註釋：

1　T. Ward, *Word and Supplement. Speech Acts, Biblical Texts, and the*

Sufficiency of Scripture（Oxford: Oxford University Press, 2002）；沃德（Timothy Ward）堅定地劃分「充足性」和「自足性」，他要求澄清，「在神學的和解釋學的用語上，『聖經（Scripture）的充足性』的意義必須是一個周延的概念（a circumscribed concept）」。因此，他批評了「新〔文學〕鑑別學」（New Criticism）盲目崇拜文本的理論，以及費萊（Hans Frei）對經典（scripture）高度形式化的了解，沃德稱之為「極度充足性」（hyper-sufficiency；頁 150），這會把文本的客體性跟其自足性混淆（見頁 198）。沃德反建議，援引德里達（Jacques Derrida）的文本「增補」（textual "supplements"）的意念，而最特別的是借用沃特斯托夫（Nicholas Wolterstorff）所設置的言說—行動理論（speech-act theory），這理論「顯示作者、其文本及意義，以及讀者，只有在它們彼此關連，而不讓任何一種元素的他者性（otherness）被其他元素所攝取，這樣，其存在就是充滿意義的」（頁 198 及其後）。沃德把神聖行動跟人的著作及閱讀活動之關係的調整，恰當地給予神聖踐行者優先的位置。然而，差不多無可避免地，在一本注入大量概念資源——這些概念資源是由哲學性的溝通性理論（philosophical theory of communicative theory）所提供的——的作品中，沃德對教義的材料明顯是節制的。我們可以合法地質疑：言說—行動理論是否可以包裝一切，而這是一次古典新教的聖經教義的「批判的修正」（critical retrieval）所要求的；以及是否需要更廣泛地援用啟示和感通（因而包括三一的教義）等類似概念。

2 W. Cantwell Smith, *What's Scripture? A Comparative Approach*（London: SCM, 1993）, 223。相反，沃德全然正確地堅持需要一種聖經的存有論，以及需要把文本的使用植根於文本的本性，見 Ward, *Word and Supplement*, 300 ~ 302。

3 Cantwell Smith, *What is Scripture?* 237.

4 I. U. Dalferth, "Die Mitte ist außen. Anmerkungen zum Wirklichkeitsbezug evangelischer Schriftauslegung," in C. Landmesser et al., eds., *Jesus Christus als die Mitte der Schrift. Studien zur Hermeneutik des Evangeliums*（Berlin: de Gruyter, 1997）, 183.

5 Dalferth, "Die Mitte ist außen," 183；亦參 I. U. Dalferth, "Von der Vieldeutigkeit der Schrift und der Eindeutigkeit des Wortes Gottes," in R. Ziegert, ed., *Die Zukunft des Schriftprinzips*（Stuttgart: Deutsche Bibelgesellschaft, 1994）, 169。

6 Dalferth, "Von der Vieldeutigkeit," 163；參 Dalferth, "Die Mitte ist außen," 183。

7 Dalferth, "Die Mitte ist außen," 185.

8 把聖經教義植根於三一上帝教義，在下述著作中，不斷地被強調：A. Wenz, *Das Wort Gottes-Gericht und Rettung. Untersuchungen zur*

Autorität der Heiligen Schrift in Bekenntnis und Lehre der Kirche（Göttingen: Vandenhoeck und Ruprecht, 1996）。

9 K. Barth, "Revelation," in *God in Action*（Edinburgh: T & T Clark, 1936）, 8；關於啟示與神聖的臨在之間的互相內住（coinherence），再參達科夫（Ingolf Dalferth）的文章："Von der Vieldeutigkeit"，"Die Mitte ist außen"，以及更為一般性的文章，即 I. Dalferth, "Theologie und Gottes Gegenwart," in *Gedeutete Gegenwart. Zur Wahrnehmung Gottes in den Erfahrungen der Zeit*（Tübingen: Mohr, 1997）, 268 ~ 285；亦見立敕爾（Dietrich Ritschl）的早期研究：D. Ritschl, *Memory and Hope. An Inquiry into the Presence of Christ*（New York: Macmillan, 1967）。

10 Barth, "Revelation," 12.

11 G. Siegwalt, "Le canon biblique et la révélation," in *Le christianisme, est-t-il une religion du livre?*（Strasbourg: Faculté de théologie protestante, 1984）, 46.

12 K. Barth, *Church Dogmatics* I/1（Edinburgh: T & T Clark, 1975）, 139。這種對作為運用神聖自由的啟示所作具內容的描繪，較對啟示（出於神聖預期的意念）作形式的闡釋，更為可取。後者的看法是由希曼（Ronald Thiemann）在他那本很有幫助的著作所提供的：R. Thiemann, *Revelation and Theology. The Gospel as Narrated Promise*（Notre Dame: Notre Dame University Press, 1985），如頁 6 及其後，9。

13 K. Barth, *The Göttingen Dogmatics*, vol. I（Grand Rapids: Eerdmans, 1991）, 59.

14 Barth, *The Göttingen Dogmatics*, vol. I, 59.

15 Barth, "Revelation," 17.

16 巴特通常是被告，對其罪行最為敏感的描繪，見 A. Torrance, *Persons in Communion*（Edinburgh: T & T Clark, 1996）。

17 C. Gunton, *A Brief Theology of Revelation*（Edinburgh: T & T Clark, 1995）, 111.

18 B. de Spinoza, *A Theologico-Political Treatise,* in *The Chief Works of Benedict de Spinoza*, vol. I（New York: Dover, 1951）, 103.

19 這並不是要忽略歷史性解釋聖經的興起所具有的**政治的**向度，這在下述得到強調：H. G. Reventlow, *The Authority of the Bible and the Rise of the Modern World*（London: SCM, 1980）；在普魯伊斯（J . Samuel Preus）一篇重要論文，有更全面的討論：J. Samuel Preus, *Spinoza and the Irrelevance of Biblical Authority*（Cambridge: Cambridge University Press, 2001）。這篇論文爭辯的是，史賓諾莎削弱聖經（Scripture）對神權政府所起的合法作用，其中之一的關鍵方式是挑戰那對聖經具權威性的公共解經者的職事：「中立化」聖經使得擁有特權的解經者的

宣稱，在制定公眾法律時變得多餘冗長，由此而有利於自由的事業。普魯伊斯處理教義的議題的手法並不那麼穩陣，我們可提出疑問，就是在這些手法底下的基礎：對自由主義思想的現代傳統所作的毫不含混的正面評估。（毫不分別地使用「基要主義者」〔fundamentalist〕來形容史賓諾莎的對手——他那時的及我們今日的——就會露出馬腳了。）無論如何，釋經與政治，跟對現代性的了解，這兩者的關係的核心所在，不在討論之內〔可以至少追溯至培根（Francis Bacon）：參 A. Grafton, *Defenders of the Text. The Traditions of Scholarship in an Age of Science, 1450 ~ 1800*（Cambridge, Mass.: Harvard University Press, 1991）〕。

20 G. Spykman, *Reformational Theology. A New Paradigm for Doing Dogmatics*（Grand Rapids: Eerdmans, 1992）, 122.

21 G. C. Berkouwer, *Holy Scripture*（Grand Rapids: Eerdmans, 1975）, 203。瑟納克朗斯（J. de Senarclens）在講述聖經（Scripture）的本性時，也重用以兩性聯合為類比，這可見於其《宗教改革運動的繼承者》（*Heirs of the Reformation*）。他避免這策略的難題，是因為他強烈堅持實現論的（actualist）立場：聖經的人性跟其「聖潔」（holiness）的關係，是「事件」性格（"event" character）的。但是正是在這一點上，其跟道成肉身的類比斷裂。因為這種對事件的強調，被轉移至基督位格的存有論去，結果將差不多肯定是嗣子論的（adoptionist）。對類比的進一步批評，見 L. Ayres and S. E. Fowl, "（Mis）reading the Face of God: *The Interpretation of the Bible in the Church*," *Theological Studies* 60（1999）, 513 ~ 528。

22 近期對以「恩典的工具」乃首出的神學範疇這意念來言說聖經（Scripture）的本性，作出了強烈辨護的，參 W. J. Abraham, *Canon and Criterion in Christian Theology. From the Fathers to Feminism*（Oxford: Clarendon Press, 1998）。在亞伯拉罕（W. J. Abraham）的講述中，仍有一些難題，既是歷史的（在他對聖經在神學的位置的敍事中，很多地方是要面對嚴重的挑戰的），又是教義的（他斷言聖經只是一連串「恩典的工具」中的一種，以及他對唯獨聖經過度演繹所帶來的困難）；見我的文章：J. Webster, "Canon and Criterion: Some Reflections on a Recent Proposal," *Scottish Journal of Theology* 54（2001）, 67 ~ 83。

23 Berkouwer, *Holy Scripture*, 195.

24 Berkouwer, *Holy Scripture*, 207.

25 J. de Senarclens, *Heirs of the Reformation*（London: SCM, 1963）, 276.

26 參溫斯（Armin Wenz）的建議（A. Wenz, *Das Wort Gottes*, 303）：「上帝的言說與行動在受造物的工具及歷史的進程中、與受造物的工具及歷史的進程一起，和在受造物的工具及歷史的進程底下發生，但總是在這樣的方式中：上帝的言說與行動發生，而為上帝的言說與行動，這上帝的言說與行動是奇異的、他者的、從外邊來到世界和人類中間的。」

27 W. Jeanrond, *Text and Interpretation as Categories of Theological Thinking* (Dublin: Gill and Macmillan, 1988) .

28 Jeanrond, *Text and Interpretation as Categories of Theological Thinking*, xvi.

29 Jeanrond, *Text and Interpretation as Categories of Theological Thinking*, xvif.

30 Jeanrond, *Text and Interpretation as Categories of Theological Thinking*, xvii.

31 B. F. Westcott, *A General Survey of the History of the Canon of the New Testament* (Cambridge: Macmillan, 1881) , xliv.

32 B. Childs, " On Reclaiming the Bible for Christian Theology, " in C. Braaten and R. Jenson, eds., *Reclaiming the Bible for the Church* (Grand Rapids: Eerdmans, 1995) , 9.

33 W. J. Abraham, *The Divine Inspiration of Holy Scripture* (Oxford: Oxford University Press, 1981) , 57.

34 H. Heppe, *Reformed Dogmatics* (London: George Allen and Unwin, 1950) , 18.

35 J. Calvin, *Articles Agreed Upon by the Faculty of Sacred Theology of Paris, with the Antidote* in *Tracts and Treatises*, vol. I (Edinburgh: Oliver and Boyd, 1958) , 106.

36 從這角度來看，羅大衛（David Law）最近的研究：David Law, *Inspiration* (London: Continuum, 2001)；它其中一個主要困難，乃是感通的解說在原先的辯道處境中被發展起來的方式；有關感通的神學語言，嘗試為信徒接受聖經（Scripture）為權威而提供證立（參見如頁 34 註腳 68）。結果是對在巴洛克風格的新教神學家（baroque Protestant theologians）中所具有很普遍的策略，作出了奇怪的存在主義式的重寫，就是把感通教義部署，而為接受聖經的規範地位，提供知識論的基礎。換句話說，提供「進程使信徒接受聖經的權威（biblical authority）」（頁 35）。在這樣的策略背後，是進一步的困難，就是把聖經的**權威**引入聖經學的首要教義概念之中，甚至較啟示或上帝話語等概念更具優先性。

37 G. Fackre, *The Doctrine of Revelation. A Narrative Interpretation* (Edinburgh: Edinburgh University Press, 1997) , 170.

38 H. Martensen, *Christian Dogmatics* (Edinburgh: T & T Clark, 1898) , 402.

39 Martensen, *Christian Dogmatics*, 402.

40 J. Macquarrie, *Principles of Christian Theology* (London: SCM, 1966) , 8.

41 Law, *Inspiration*, 140.

42 Law, *Inspiration*, 50。羅大衛引用了：U. H. J. Körtner, *Der inspirierter Leser. Zentrale Aspekte biblischer Hermeneutik*（Göttingen: Vandenhoeck und Ruprecht, 1994）。

43 Law, *Inspiration*, 143.

44 Law, *Inspiration*, 144.

45 Martensen, *Christian Dogmatics*, 338 ~ 344.

46 Law, *Inspiration*, 151.

47 H. Bavinck, *Our Reasonable Faith*（Grand Rapids: Eerdmans, 1956）, 102.

48 上帝立約活動乃聖經（Scripture）的教義的處境，其重要性在近期受到強調，見 M. S. Horton, *Covenant and Eschatology. The Divine Drama*（Louisville: WJKP, 2002）, 121 ~ 129；以及 K. Vanhoozer, *First Theology. God, Scripture and Hermeneutics*（Leicester: Apollos, 2002）, 127 ~ 203。

49 R. Preus, *The Inspiration of Scripture. A Study of the Theology of the Seventeenth Century Lutheran Dogmaticians*（Edinburgh: Oliver and Boyd, 1957）, 170.

50 參 Bavinck, *Our Reasonable Faith*, 95。

51 J. Derrida, *The Post Card: From Socrates to Freud and Beyond*（Chicago: University of Chicago Press, 1987）, 23。J. K. A. Smith, *The Fall of Interpretation. Philosophical Foundations for a Creational Hermeneutic*（Downers Grove: InterVarsity Press, 2000）；詹姆斯．史密夫（James K. A. Smith）在這本著作中，在其對聖經的神學（theology of Scripture）某些向度作出未經分辨的批判中，他使用了很多德里達的觀點。

52 de Senarclens, *Heirs of the Reformation*, 295.

2

聖經、教會與正典

聖經（Holy Scripture）是上帝拯救性及溝通性的自我賜予這戲劇中的元素。第一章探討聖經（Scripture）在這戲劇中的位置，方法是對上帝作為主及作為自我臨在／呈現的拯救者的活動，即啟示、聖化及感通，提供教義式構想。這些用語不能視之為指向基本上彼此分離的行動，而是指向單一但複合的活動的構成部分，三一上帝透過這活動賜下其臨在／呈現、壓制罪的無知及燃起亮光，讓人認識祂自己。現在第二章把焦點轉到另一教義主題，由此而決定聖經（Holy Scripture）的本性及職分（office），那主題就是教會乃神聖話語的受造物的教義。這一章首先勾畫一些基本的教義議題：教會乃「聆聽的教會」（hearing church）、「靈性上可見的」（spiritually visible）及「使徒〔統緒〕的」（apostolic）；然後透過檢視聖經在教會中的權威及教會正典化行動的本性，對道的教會（the church of the Word）提供一更為仔細的規限。

然而，討論開始時，特別要強調的是，從上帝自我啟示的教義進到教會的教義，我們並不是離開基督教上帝的教義。以人類社羣空間的角度來檢視聖經（Holy

Scripture；這空間是服事福音的），並沒有把有關復活的子和賜下生命的聖靈的語言，置於腦後，在一個啟示的神學解説中，這語言是不可缺少的。與對啟示、聖化及感通的言説一樣，有關人在教會中的實踐的言説，必定要植根於運作性的上帝言説（operative talk of God），並且也要恆常地跟這言説保持穩定的關係。在這一點上，事實上，特別是在這一點上，神學需要執行某些頗為嚴厲的自我紀律，如果神學對聖經的言説要能真正地是神學性的，而不單只是宗教性地把社會科學、歷史、文化理論或解釋學，黏合一起。基督教神學單單只預先被上帝佔據，而其餘每一東西都是在神聖的分類下的（*sub specie divinitatis*）。所有其他基督教教義都是這一教義——三一教義——的應用或引申，在三一教義之中，教會教義跟啟示教義一樣，都有其恰當的歸宿。

從近期對聖經（Scripture）本性的神學討論來看（特別是關乎那些被稱為「後批判/鑑別」的神學家〔"post-critical" theologians〕），則特別需要重視這一點；這些神學討論高度關注教會這主題。在那些提案當中，對聖經的性格、目的及解釋的定義，被視為是跟聖經在基督徒羣體的生活和實踐中所佔有的位置分不開的。因而，聖經既不是在神學考量中的純粹形式性權威，也不是一束線索以幫助我們重建其宗教的及文化的背景，亦非經驗的象徵寄存；聖經是教會之書，是羣體的文本，最好是在其教會的確定性（churchly determinacy）脈絡中來了解。

但是把聖經解説為教會之書，可能存在教義的難題。這些解說，可能被一寬闊的內在主義的教會論（immanentist ecclesiology）所損害；這一教會論極度重視教會的社會可見性，要突顯人性論／人類學概念，如「實踐」及「德性／德行」（virtue），但卻因左搖右擺而缺乏全面的終末性的教會概念。事實上，這樣的解說有時所採取的形式，是高度精巧地解釋學地重建立敕爾式（Ritschlian）的社會道德主義（social moralism），把聖經的神學（theology of Scripture）的重心，從上帝的活動轉移至教會的使用。而據此，前一章所檢視的要事——全部集中在上帝透過文本的行動——只得到薄弱的處理；其真正的興趣在於別的地方：教會實踐。但是，如果對聖經跟教會的生活—實踐（life-practices）的關係之解說，要有恰當的教義式説服力，只能透過持續關注如下的事實：教會論是基督教上帝教義的作用，特別在於其為上帝的自我賜予（self-gift）那終末實在的作用——聖經所服事的就是上帝的這一宣告。聖經在本性上所關聯的不是教會，而是啟示。聖經不是教會的話語；教會是話語的教會。

聖經與教會：教義式的勾畫

（1）教會的明確行動，是忠心地聆聽拯救的福音，這是由復活的基督在聖靈的能力中透過聖經（Holy Scripture）的服事而宣告的。作為神聖話語的受造物（creatura verbi divini），教會是聆聽的教會。

恰當的神學脈絡就是話語與信仰的關係，這脈絡決定了對教會以及對教會跟聖經的關係的了解。「話語」(Word)是一複合的詞語，其在不同領域如三一、道成肉身或啟示中的使用，都有所不同。在這裏，我們使用這詞語是指上帝的自我溝通、三一上帝的啟示性自我賜予，這些行動帶引受造物朝向其拯救的終局。教會是存在於話語所創造的空間。據此，教會不是自生的聚集，因而不能充分地被描述為只是人類歷史的軌跡或人類文化的形式，因為上帝溝通性地臨在/呈現，所以教會才存在及持續存在。教會是由話語所生及擔當的。教會**是**(is)——如宗教改革家所講的——唯獨話語(*solo verbo*)。因此，「話語」作為教會獲得其存有的源頭，是那一位的主權的創造性(lordly creativity)——作為父、子和聖靈，祂**呼喚**那尚未成物的成為物。

對應這唯獨話語的是唯獨信心(*solo fide*)。加爾文(John Calvin)在一五四一年的《日內瓦教理問答》(*Geneva Catechism*)如此定義信仰：「信仰是就上帝對我們的愛的一種肯定及不移的知識，這知識是根據祂在祂的福音所宣告的：祂是我們的父和拯救者(透過耶穌基督的中介)。」[1] 在加爾文所提供的定義中，信仰的外在指涉是決定性地重要的：信仰是導向那在我們以外的，是先於我們對其所作的任何態度的。信仰所轉向的客觀實在，在這裏加爾文總結而為「上帝對我們的愛」。信仰把自己交託給福音，猶如交託給神聖的宣告。因為這一基本導向，信仰就不是自發的；反而，如加爾文在教理問答中回答下一個問題時所陳述的：信仰是「聖靈的異常禮物」。[2] 再者，信仰不是人類首創的活動，即當配合神聖活動，它便建立信徒與上帝的團契關係。信仰自身是由上帝首先乃「我們的上帝和父」這一事實所生發的。再者，聖靈的主權性工作是必要的，因為人的罪的緣故。由人的自發性所生起的不是信仰，而是邪惡，加爾文在下一個回答中如此說：「我們的心太易傾向對自己或受造物的東西，持有蔑視或是乖張的信心」。[3] 而因此，聖靈「光照」，讓我們能夠明白，以確定性堅定我們，這一切是藉著把上帝拯救的應許刻印在我們的心。是以，藉著聖靈，教會被創造而為信仰的羣體，即是成為一羣會眾（congregation），當中的人被給予堅穩的知識，知道上帝拯救的愛。而聖靈這工作不是跟話語分離開來的，因為由聖靈而生發的信仰，其信靠的乃是神聖的應許，這應許即是上帝在福音中的自我宣告或話語，因此唯獨話語和唯獨信心是不相分離的。

話語和信心的不相分離，對聖經（Holy Scripture）在教會生活中的地位有甚麼後果？話語和信心的首出性（primacy），其基本的教會論的影響，就是給予上帝在教會的存有中所作的行動有優先性（priority）：「教會作為神聖話語的受造物，是由神聖行動創建的。」[4] 是以，教會不是透過人的活動和工作而創建的，而是藉著指涉啟示性的神聖話語和工作，惟獨藉此而生發教會並維持其生命/生活，因為「依據其存在的理由，教會的基本模態被定義為**聆聽的**教會」。[5] 以具體的詞語來說，這由神聖呼喚所創建的教會，即作為**聆聽的**教會或**忠心的**聚集（faithful assembly），其意思是聖經在教會生活中的臨在，不是一內在的教會東西的臨在（the presence of an immanent ecclesial entity）。在沒有進一步規限底下，了解聖經為教會文化的資本、教會的意義、形像（images）、基本敍事的儲存之一部分——甚至為最重要的部分——等等，乃是嚴重地誤解聖經（Scripture）的運作模式。聖經藉著推動教會在其一切事業上都具有外在的、「出神的」（ecstatic）導向而工作，聖經藉著迫使教會開放而建立教會，並因而很多時打碎教會。如果教會是由話語所創建的，並且由以作為話語的僕人的聖經（Holy Scripture）所創建的，那麼聖經（Scripture）就是教會的穩固性的一個向度，這只在於那穩固性是建基於教會以外的（*extra ecclesiam*）。因為在這外在性裏，在對外在於教會的所作的指涉（reference）下（所指涉的在審判和恩慈中向教會説話），教會就獲取其存有；教會**之所是**（is）是在其自己以外的。[6] 聖經對解除教會生活的穩定特性，跟其為教會的黏合和持續的因素，同樣重要。教會由話語和信心所定義，並非以聖經（Holy Scripture）作為建立教會的穩固身分的工具，從而成為自我實現的建制。透過聖經（Scripture），教會恒常向干擾敞開。因此，成為聆聽的教會，永遠不是常規的事情，無論是禮儀的或教義的常規。反而是，教會要準備就緒，「其整個生活應被指責、震撼、革新及重塑」。[7] 聖經（Holy Scripture）是一個場所，教會在其中為恰當的外在性掙扎，為真正聆聽上帝活潑的聲音（*viva vox Dei*）掙扎，為真正專心於被聖化的及被感通的僕人（透過這僕人上帝宣告福音的審判和應許）

掙扎，除此之外，為信靠（faith）作為蔑視和假信心（false confidence）的終結及謙卑聆聽的開端而掙扎。

（2）聖經（Holy Scripture）是教會的可見性的一部分，這可見性是屬靈的可見性（spiritual visibility）。

作為聆聽的教會，基督徒羣體是全然指向上帝的話語，藉這話語，羣體被建立。教會的存有是由外在性所定性的，它是「異位的」（ectopic），因為教會的「場所」（place）是內在於福音的上帝其創造的和溝通的存有和活動。因此，教會作為人類生活的形式，是有某種奇異性（strangeness）。活作教會的一部分，是跟其他人類相交和行動的模態有某種距離的。因為教會是話語的受造物，所以教會不單是從自然的人類社羣或宗教性的共同興趣與友伴共感所生出來的。教會的相交，恰當地被了解為共同生於及有分於神聖的自我賜予的臨在／呈現（the presence of the divine self-gift）。因此，教會基本上不是可見的社會分量（social quantity），而是不可見的新創造。即使在其可見的社會及歷史的延伸中，教會是新人性／新人類（new humanity）在歷史中的臨在／呈現，這新人性／新人類永遠不只是人類社會的一個額外秩序。教會是其所是，因為在於話語和福音，並由此教會首要乃是屬靈事件（spiritual event），而其次上才是可見的自然歷史和共同生活的結構性形式。消極來說，這意味教會是「不可見的」，即不單是跟其作為人類社羣秩序的實際形態等同起來。積極來說，這意味教會有其真正的形式和可見性，因為教會透過話語及聖靈那賜生命的臨在／呈現而接受上帝的恩典。教會的可見性因而是屬靈的可見性。

聖經（Holy Scripture）有分於教會這屬靈的可見性，由此而服事上帝自我的臨在/呈現。因此，聖經不單只是羣體其有序的法定生活的一個向度、內在的基督教文化密碼的一部分，因為聖經作為人的話語，它服事神聖的話語。這一點可以更好地被了解，如果我們注意到，那些把聖經（Scripture）的本性和作用跟教會存在的規則緊密地連結起來的神學所帶來的某些困難特性，這神學的結果，就是使聖經的教義變成教會教義的一個向度，而非啟示教義的一個向度。

把教會的可見性的**神學**概念，跟社羣外在性或實證性（positivity）的一般概念融合，從而生出上述的解說，我們必須辨別其中的一些困難。林貝克（George Lindbeck；他可以被用來示例這一進路）寫道：「上帝的子民包含文化—語言的組別（cultural-linguistic groupings），這些組別能夠有意義地藉由普通社會學的和歷史性的判準而被辨認出來。」[8] 可是，為了反對這見解，必定要辯正：教會的可見性不單只是經驗上而是屬靈上重要的，而除非了解其為**屬靈的**可見性，否則就不是全然了解教會的可見性，[9] 因為這樣會把教會的可見性從上帝的經世活動中抽離出來，但上帝這經世活動是讓教會的可見性獲取其存有的，這經世活動包括復活、自我傳令（self-heralding）的基督的經世活動，以及賜生命的、聖化的聖靈的經世活動。再者，如果這種從經驗導向來了解可見性，成為教會論中的主流，那麼就會對聖經（Holy Scripture）被了解的方式帶來傷害性的後果。聖經（Scripture）在教會的地位變成由一般的文本性理論（general theory of textuality）所決定。對應於就教會作為社會的外在性所言說的，這理論強烈地強調「文本」乃「外在的話語」，即是乃持久的語言的人工製品，產生基督教宗教性及文化性系統，並且也塑造基督教思想、言論及行動。因而以其他具有統領性文化權威的諸文本的作用，來了解聖經的作用：「一旦諸文本深入心靈，特別是集體心靈，它們就不再是研究的基本對象，而是轉過來提供概念的和想像的詞彙，以及文法及詞法（syntax），我們以之來理解及建構實在。」[10] 當然，林貝克解說的吸引性，是因為其較那些對聖經（Scripture）基本上是浪漫主義式的解說（即視聖經文本〔biblical text〕為結晶的經驗），更為優越。其弱點是聖經（Scripture）的教義性位置被誤置於教會性（ecclesiality）之內。對於林貝克，聖經是如下事實的一個例子：世界主要的信仰「全都具有相對固定的正典作品（canons of writings），它們被看待為這些信仰的符號學密碼（semiotic code）的例示性或規範性的具體說明」。[11] 但這裏可能出現一個錯誤。這並不單只是（好像很多批評者聲稱的，其中有些相當強烈）「密碼」的強調會導致對聖經的運作方式作過度的確定、「封閉」的了解，或者不單是把聖經（Scripture）從它在其中「演出」的歷史（縱向與橫向）中抽離出來；[12] 而是這種把聖經識別為「外在的話語」，其「封閉性」（closure）對橫向的威嚇，還不如對垂直的威嚇。即是說，在作為可見的社會東西的教會文化中，視聖經為一符號學的實在（semiotic *positum*），所冒的險是同時切斷了教會和聖經的超越指涉。聖經的「外在性」是其指向啟示的指涉，不是其可見的文本性，這文本性乃服事上帝活潑的聲音。因此，專注於聖經，並不是被社會化的事情，而是在所有社羣（包括且特別是教會文化）的解體中被抓住的事情，這是通過那位（祂以其口中的杖擊打世界）所發出的話語而成就的（參賽十一4）。

（3）聖經（Holy Scripture）是教會歷史的一部分，這歷史是使徒的歷史。

因為教會的可見性是屬靈的可見性，因為它只是按上帝之所是、行動和說話，所以教會的歷史就不單是自然的歷史。這歷史是屬靈的歷史，或更好一點的，是「使徒的」（apostolic）歷史。認信教會為使徒的，就是認信教會的歷史，不是跟其他人類的聚集和制度的歷史全然相似的。當然，也不是全然不相似的：肯斷全然不相似，將會把**屬靈的**可見性（spiritual visibility）跟被靈性化的不可見性（spiritualised invisibility）混淆。[13] 教會存在於時間之中，以人的事業、人的傳統而存在。但把教會的生活跟所有其他人類通路分別出來的，在於其歷史，而這歷史的動力則來自復活基督的命任，祂委派並差遣。藉著這一委派與差遣而存活、並且全然指向那位如此委派和差遣的，教會就是使徒的。

教會的使徒性，跟其透過話語而被召喚，十分密切；跟那基本上構成教會與其神聖源頭之關係的信，十分密切；跟其可見性的真正性格，十分密切。所有這些談及教會生活的方式，都是把它的生活中心置於三一上帝之中的。同樣地，使徒性是以教會建基於神聖行動而非任何人的能力為前題的：言說使徒性，首先是言說教會的主而非主的僕人。無論如何，把使徒性自然化這傾向，常常在教會生活中出現，最明顯的在於當使徒性緊繫於命任的職事（ordered ministry），使得這命任變成建構教會的使徒性格，而不是見證教會的使徒性格。這樣子，使徒性被倒轉而成為社羣秩序的給定形式（a given form of social order）。然而，恰當地了解，使徒性是被那由外而來的命任**所引起的**。這是一個基督論的—聖靈論的概念，而只有在衍生底下才是教會論的。[14] 使徒性是教會站在迫切的指令——「去」——底下的身分。

聖經（Holy Scripture）在教會生活其中之一的職務，是藉著為其不可逃避的在場發聲，從而服事神聖的指令。聖經是其中的一個焦點，在這焦點中聚集羣體向神聖話語的全然他性敞開自己，藉著這神聖話語，聚集羣體被建構成一使徒的聚集羣體。最終，這是為甚麼在聖經與傳統之間需要秩序條理，以及要有嚴格的分界。當然，分界不是絕對的分離；在某一意義底下，沒有純粹的聖經文本性（biblical textuality）領域，是全然獨立於教會閱讀和接收行動的歷史的。但也因為這個原因，下述的堅持是重要的：可以說，聖經（Scripture）不是被這一歷史所吞噬或壓倒的；聖經（Holy Scripture）在其服事神聖話語之中，不能變成教會在歷史中所建立的傳統意義之倉庫的一部分。據此，「傳統」最好被理解為對話語的**聆聽**（hearing of the

Word），而非新鮮的**說話**行動（fresh act of speaking）。就如孔加爾（Yves Congar）所說：「在歷史中沒有甚麼地方，藏有『化學地純潔的上帝話語』，只有教會在時代之中宣講這話語時的翻譯。」[15] 因此，這種說法所冒的險，是把話語變成某些缺乏輪廓的東西，某些在接受時很受環境滲透的東西，而使徒羣體跟那呼召這羣體成其所是的上帝之間的分別，被腐蝕掉了。上帝的話語——正正是因為其為**上帝的**話語、上帝的位格性溝通的臨在/呈現——**必定**是純潔的。而聖經被聖化及被感通來履行其職務，見證話語在教會的歷史中，以致教會的歷史在信心與聆聽的新鮮行動中成為使徒的。

上述的是累積的嘗試，以大綱形式指出教會的本性。聖經（Holy Scripture）就在教會之內服事上帝的啟示，服事屬靈可見的、使徒的教會，聖靈透過聖經這一工具拆毀及改革這羣體。聖經（Scripture）並非家常地言說基督教的信仰，或只是其熟知的符號學系統。聖經是上帝的劍，從復活的那一位的口中而出，這是為甚麼沒有「聖經（Bible）與教會的互相內住（coinherence）」，沒有聖經的見證和話語的羣體之間「彼此建構的相互性」（mutually constitutive reciprocity），而只有非對稱性（asymmetry）。[16] 教會的本性是出自上帝的話語（*Ecclesia nata est ex Dei Verbo*）。

這些對聖經（Scripture）和教會的關係較為一般的考量，現在可以藉著檢視教義原則的兩個具體延伸，而得到充實：在教會中聖經的權威，以及教會正典化這行動的本性。

在教會中聖經的權威

聖經（Scripture）的權威在於其具有聖靈所賜予的能耐，激發教會履行真誠的講論（truthful speech）及合宜的行動。認信聖經的權威是由聆聽的教會所公開宣告的，聖靈透過聖經對話語的服事而使教會如此履行，因此，宣認聖經的權威的恰當脈絡，乃是拯救論的。從這基本定義，引申出一切聖經權威的其他面向，例如，其在神學或道德論辯中的角色，其在宣講中的位置，或其禮儀的臨在。

真誠的講論及合宜的行動是跟隨實在的秩序，這些涉及世界的方式是跟隨世界的內在本性，以及世界向我們展示的目的。那些具有權威的東西，就是那些合法地帶領我們走向這些目的，並且因而同時塑造及判斷行動的東西。權威是政治性的，因為它塑造社羣關係，但真正的政治權威，既非反覆的亦非獨斷的，而是合乎法律的及**符合實在的**（fitting to reality）。權威是強而有力的，因為它見證真理，並因而命令我們根據實在去行動，無論是智性的或是實踐的行動。是以，權威不能被賦予；授權（authorisation）不是提議，而是真誠判斷（truthful judgement）的行動，透過這行動，權威被承認為合宜地引發某一特定質素的活動，朝向某一特定方向。

恰當來說，權威乃是關乎**承認**（acknowledgement）的事情，這對討論在教會中聖經（Scripture）權威的本性，特別重要。十分簡單，教會並沒有能力賦予聖經（Holy Scripture）權威；在尚未成為一所聆聽的教會之前，它沒有能力成為一所講論的教會，或沒有能力獻身給「成為使徒的」這一命任。聖經（Scripture）的權威不是另一種方式，來講論聖經早已透過教會的使用而獲得積累的莊嚴（*gravitas*）。承認聖經的權威，不是只事後承認教會的習慣已經成形，以某一特殊組合的文本來主管教會的生活。如果事實的權威（*de facto* authority）是建基於法律的權威（*de jure* authority），那麼它才擁有任何真正的力量。如果不是這樣建基的話，那麼不單聖經只成為傳統，聖經的權威也會作為社羣權力的一種任意運作，敞開其自己接受批判。

現代歷史學者視權威批判為只是政治的設準（political postulate），這已經很快被應用到聖經的諸文本（biblical texts）。最值得注意的是，康德（Immanuel Kant）如此應用，以作出這樣的對照：那些可憐愚昧的「聖經神學家」（biblical theologian），他們在「教會信仰」的圍牆之內工作，「這教會信仰是建基於法規之上的」；[17] 以及那些理性的神學家，他們大步跨過「私人判斷及哲學那自由和敞開的場地」。[18] 換句話說，文本的權威，對於康德來說，僅只是「建基於法規——即是建基於那些出自另一個人選擇行動的法律」。[19] 這樣的架構，在當代對聖經權威（biblical authority）的處理中，有一獨特的述句可供表達：「在一個羣體之內文本被接納而為權威，那是羣體的權威被投資於這些文本之上。」[20] 這一述句內在涵有全然現代方式所了解的權威觀念：從其把權威跟世界所是之方式分離出來，我們看見唯名論者(nominalist)；從其視聖經權威為教會「投資」於文本，我們看見建構論者(constructivist)。當然，我們如果對康德及其當代的繼承者那呼喊反抗專制濫用聖經權威的聲音，充耳不聞，我們則是很愚蠢的。但是濫用聖經權威，把它用作對付社羣邪惡的武器，這不能透過去除聖經(Scripture)任何內在的權威，和把對聖經的宣稱改變為對羣體的宣稱，而可以抗衡的。這樣做不會解決濫用的難題，而只會重複地濫用，因為聖經仍然是社羣的一種功能，無論這社羣是教會信仰的愚昧羣體，還是自由的、已被啟蒙的「有知識的公眾」(learned public)。[21] 反之，我們需要的是教義式的舉動：把聖經的權威重新整合至上帝教義之中，這將產生如下的效果：明確地重新繪畫教會對聖經權威的肯定此一舉動的性格，把肯定從政治發明的領域中移走，並且限制教會的職事止於教導性的——教導對聖經權威的認信或見證，即認信或見證聖經的權威是源自其在恩典的經世活動中所被給定的位置。[22]

這並不是提議，聖經(Scripture)的權威能夠從教會的生活和行動中抽離出來，作為一處與上帝的拯救性臨在／呈現相遇的地方。把聖經的權威從教會的脈絡中抽離出來，將會把聖經從其啟示性的並因而是教會性的背景中抽離出來，從而把權威形式化。[23] 這樣的形式化常常發生，如果感通的意念被容許擴張超越其恰當的界限，即是：聖經的權威變成了聖經(被感通)的產生方式之功能，而不是聖經服事啟示那具權威性的神聖話語的方式之功能。即是說，權威變成某些從聖經形式的特質——其圓滿乃神聖產品的圓滿——而衍生出來的東西，而不是其於神聖服事中的使用。這樣對權威的看法，的確是近似那種對法規的沉默順服。最後，這把權威約化成一「形式的超自然主義」，[24] 它不能充分地整合進聖經作為向教會見證拯救的福音這一角色之中。相反，一個對聖經權威的有效解說，將把聖經權威置於其他一連串的肯定之中：上帝乃聖化、感通和授權的臨在；聖靈乃那位能夠使人認得、依靠及樂於信服聖經福音內容的宣稱；教會作為忠信、自我捨棄及認信的聚集羣體，是環繞上帝活潑的話語的。

從一關係密切的方式來了解，聖經（Scripture）權威的形式化之所以發生，在於聖經在神學爭論中的裁決作用，被抽離其拯救作用：即從聖經內容中抽離出來（這聖經乃拯救的福音），也從聖經所指向的，即生命在與上帝真誠的團契中得力（透過條理教會的講論及行動），抽離出來。言說聖經權威是實踐的及目的論的，跟教會忠心地順服於福音的宣告——上帝是（如加爾文在教理問答所講的）「我們的父和拯救者（通過耶穌基督的中保）」——是分不開的。

對於教會理解聖經（Scripture）權威的方法，這具有重要的後果。教會對福音的順服，並不單由意念上對聖經在教會中形式的一裁決的地位，予以肯定而得以完成。事實上，這些意念上的肯定可以是真正屬靈認信的敵人，引誘教會認為認信是已完成的工作，而不是「一項持續不斷的福音性命任」。[25] 認信聖經的權威是教會在感恩中、並且在透過聖靈的賜予而悔改地承認上帝的慈愛（*benevolentia Dei*）中存在的一部分。這並非愚蠢地符合外在的禮儀條文（康德對這些條文〔正確地〕輕視），亦非隸屬於文字。那是喜悅地肯定在福音知識的領域內唯獨恩典（*sola gratia*）和唯獨信心（*sola fide*）的力量。

總結來說，聖經（Scripture）的權威是教會的主和祂的福音的權威，因此不能使其變成教會存在的內在特性。聖經在教會**之內**的權威是一種**支配**（over）教會的聖經權威。[26] 教會對聖經權威的承認並非一種自治的行動，而是向審判揭露、向一不單是授權的且是至高質詢的根源敞開。在教會之中說出以下的說話是可以明白的：「聖經已經言說了，事情就此決定」（*scriptura sacra locuta, res decisa est*），這話是穩定的、法定的（statutory）人類企劃之反題；教會是一種共同的生活形式，聚焦於一個顛覆性的認信。因此，話語的教會不能是一組封閉的、靜態的關係，不能是一個以極化的本土內聚性與歷史持久性為其特徵的社羣空間。教會是一個「開放的」文化。然而，其開放性並不由強調其不確定性（indeterminacy）或其作為未完成的及不能完成的企劃的性格來保證，就如某些後現代文化理論所強調的。教會的開放性在於其對先知宣講的服從，在於其被中斷性的上帝話語從外（*ab extra*）而予以敞開。那避免把教會生活拖進偶像崇拜的封閉的，是如下的事實：教會的「空間」是上帝自我臨在／呈現的經世活動，在其中教會是屈服於聖經見證（scriptural testimony）

的干預。尼布爾（H. Richard Niebuhr）說：「啟示不是我們宗教意念的發展，而是這些意念的不斷改變。」[27]「在啟示的臨在／呈現之中的生活……不是活在偉大革命之前或之後，而是活在偉大革命之中的。」[28] 正是聖經（Holy Scripture）的職事給教會帶來革命，而教會的職事是承認這可畏的恩典禮物。「教會不是領袖，而是服事聖經；不是母親，而是女兒；不是作者，而是保管人、見證人和解釋者；不是法官，而是舉報人和申索人。」（"*Ecclesia non est magistra, sed ministra scripturae; non mater, sed filia; non autor, sed custos, testis et interpres; non judex, sed index et vindex.*"）[29]

正典化

在下述事實的亮光下：作為道的聆聽者，教會「並非法官而是聖經的見證者與辯護者」；那麼我們如何教義學地描述教會的正典化（canonisation）行動？這事情（藉著對正典作歷史性的解說而把清勁的力量加諸神學上）的核心議題，正如柏可威爾（Gerrit C. Berkouwer）所說的，乃是「作為規範和權威的正典，跟可從正典的歷史中分辨出來的人的考量之間的關係」。[30] 沒有甚麼東西有助我們否認在正典化過程之中人作決定的元素。[31] 要這樣做，不單把正典理想化（idealise）或屬靈／靈意化（spiritualise），那就是舊有的感通理論經常所威脅要做的；而且這也同時否定，正典真正作為被上帝所聖化的人的文本及人的文本性活動。這些人的活動包括了那些我們所指向的、簡稱為

「正典化」的過程。[32] 相反，我們需要對教會在這點上的行動，作出神學的解說；我們需要對「那些被指為『接受』正典（the *recipere* of the canon）的人類活動之本性」，提供教義性答案。[33] 這樣的答案將同時提供一幅一般教義性的地形圖畫，在當中涉及決定的發生；以及對正典化行動本身提供更為仔細的、聚焦的敍述。

要描繪更大的場域，包括教會這一決定，重要的是不要以教會或聖經（Bible）的諸文本來開始。教義的秩序要求基於基督論和聖靈論來描畫教會的行動。

首先，正典化要以教會的性格——乃一環繞復活基督其自我給予的臨在／呈現之聚集——來了解。特別是，教會這行動是內在於耶穌基督的先知性臨在／呈現和活動的。在教會內首先發生的言說—行動（speech-act），也是衍生出所有其他教會性言說—行動的言說—行動，就是耶穌本身的自我發言（self-utterance）。這自我發言是通過聖經（Scripture）所作證的先知見證之語言來傳遞的，這先知見證並且是形塑教會的公共講論的基礎和規範。但是最重要的是，強調這中介活動並不意味著，耶穌基督作為發言者便被某些人的文本或職分所取代，或者祂默言不語，直至教會發言；任何認為藉著聖禮而可超過基督恩慈這中介（the mediation of the *beneficia Christi*）的，都意味著耶穌的拯救是無能的，直至其聖禮地實現，或是教會的聖禮行動使得基督臨在／呈現並且起作用。「使徒乃祂〔譯按：指耶穌〕啟示的和復和的活動的接收端，耶穌在這接收端建立教會的基礎，祂把這教會整合進祂自己而為自己的身體，並准許祂所放進他們口中的話語（Word），以宣講的形式出現，回答並延展祂自己，以致這話語內在於使徒根基的心思及語言中，成為在受到控制底下祂自己的啟示的展露。」[34]

因此，對正典及正典化的解説，是對基督在聖靈的能力中，透過被委任的使徒式見證而有的主動的溝通性臨在／呈現的延伸，作出解説。並且，更進一步，對教會正典化的行動作出解説，要植根於如下事實（我們曾經講述的事實）：教會在成為一言説的教會之前，它理應是一聆聽的教會；而當其成為一恰當的使徒教會，則連其言説都總是取決於及暗示一先驗的言説—行動（a prior speech-act）。教會的言説是由基督的自我發言所產生及控制的。「每一自我言説（*ego dico*）和教會言説（*ecclesia dicit*）之先（prior）、之上（above）及之後（after），都存在『上主已經言説』（*haec dixit Dominus*）；而教會宣講的目的是，這『上主已經言説』應該盛行及得勝，不單在每一自我言説和教會言説之先、之上和之後，更**在其中**盛行及得勝。」[35]

因此，第二，如果教會的言説是由基督的自我溝通所管治，那麼教會判斷（judgement）的行動（其「決定」），是由那賜予教會活力並使其能夠掌握真理的聖靈所管治的。聖靈論的角色首要是把教會的正典化行動「去—中心化」（de-centre），這以兩種方式來完成。對聖靈的言説，是確認上帝在基督教羣體的歷史中其護佑活動的方法，基督教羣體的歷史包括其跟聖經文本的關係的歷史、其對聖經文本的處理的歷史。士來馬赫（Friedrich Schleiermacher）寫道：「我們應該理解聖靈為那位在整個基督教身體的思想世界作出管治及指引的，尤如每個人都指導著自己的身體⋯⋯使徒作品被忠心保存，是上帝的聖靈的工作，承認著這是祂自己的產品。」[36] 而對聖靈的言說也是一個途徑去確認：對正典性（canonicity）的認識，不單由教會的自然共感（natural *sensus communis*）衍生出來的，而是從「對真正使徒性的而有的意識」（the sense for the truly apostolic）這聖靈恩賜衍生出來的。[37] 在這樣的亮光下，要為正典化這「偉大而有功績的行動」提供怎樣的描述呢？

我們可以由加爾文開始：

> 我存心地把他們對贊同聖經（Scripture）權力所作的教導不予考慮。因為把上帝的諸神諭這樣置於人的判斷之下，會使得它們的正當性／有效性（validity）倚賴於人的想法，這是一個不宜提及的褻瀆。[38]

> 〔一個〕極為致命但廣為流布的錯誤，就是聖經（scripture）被承認擁有的分量，只在於教會的贊同。彷彿上帝永恆的和不能侵犯的真理依賴於人的決定！[39]

> 教會的恰當職分正是要把真正的聖經（Scripture）

> 跟偽造的聖經分別出來，為此原因，我不否認教會順服地擁抱一切上帝所擁有的。羊單聆聽牧羊人的聲音，而不會聆聽陌生人的聲音。但是把上帝的神諭呈獻給教會，以致他們在人中間很可能獲取的是一種毫不穩固的權威，這卻是褻瀆的不敬虔。如保羅所宣稱的，教會是建立在使徒和先知的根基上；但這些人言說，彷彿認為母親對其所生的女兒有所虧欠一樣。[40]

加爾文曾經對奧古斯丁的名言的一個解釋作出著名的反對，那名言是「我不應相信福音，除非被大公教會的權威所感動」；[41] 當然，加爾文只是局部地反對某一對教會權威的解釋。但這裏有些更深層的東西。加爾文恐懼的是作出下述的斷言：聖經（Scripture）從教會中獲得其認可。加爾文認為這是徹底誤解教會對正典所作的行動所具有的性格。並不是加爾文否定教會的確——事實上——「贊同」聖經，而是更為重要的是，應該恰當地了解這一贊同的行動，以之為一接受的而非授權的行動。是以，對於加爾文來說，教會贊同的行動所具有的兩種特性，是最關重要的。首先，這贊同是由聖靈在教會中的臨在／呈現所衍生出來的，而因此不是自動的。加爾文說：「他們嘲笑聖靈，當他們問……誰能說服我們尊敬地接受一本書，而排斥其他的書，除非教會為所有這些事情指定一條確定的規則？」[42] 因此，加爾文發展出「聖靈聖化的內在見證」（*testimonium internum Spiritus Sancti*）這教義，以聖靈論的觀點取代教會認可的看法。然而，第二，教會關於正典的行動，是一忠心的**贊同**（assent）的行動而非一自我衍生（self-derived）的判斷。作門徒的語言在這裏並非偶然的：對正典肯定，是教會「順服地擁抱」的事情，擁抱從上帝而來的東西，或者這是羊單單聆聽牧羊人聲音的行動；即是說，這是謙卑的行動，是肯定及導向那在拯救的領域及其以人的言語來溝通的領域內已然無爭論餘地的事實。「當教會接受聖經並給予其認可標記，並不因而使可疑的或爭議的東西變得真實的（authentic）。然而，因為教會承認聖經為教會的上帝的真理，它便毫不猶疑地尊敬聖經，這乃是一敬虔的職任。」[43] 再一次：這一切不是否定正典化是教會的行動，這只是嘗試具體說明這行動是甚麼**種類**。對正典化作自然主義式的解說，其難題不在於這些解說顯出建立正典是關乎政策的事情，而是——像加爾文的對手——這些政策變成為武斷的創作（arbitrary *poiesis*）：即興念頭、判斷、決定，而非規範的順從。這樣的順從的判斷，可以怎樣更為仔細地描述？有四種特徵可被確定。

首先，教會的判斷是一種認信的行動，是對那先於教會且強把自己加於教會身上的東西作出認信，這東西就是由使徒所見證而傳遞的耶穌基督活潑的聲音，這東西喚起了一種由聖靈引導的贊同。教會關於正典的「決定」，因而「同時是其承認某些其所接受的東西，這些東西是從教會之上的權威而來的」。[44] 只在次要的意義來說，正典化才是教會的揀選、授權或推薦的行動，因為「這不是因為我們或任何人的緣故，從眾多其他的作品中揀選這些或那些作品出來，建構成神聖的典籍（Holy Writ），以作為對上帝啟示的見證，但是……如果真有這樣的見證並接受這見證，這只能意味著它已經被建構及被揀選，並且這見證被接受，只在於發現及承認這事實而已」。[45] 教會的「決定」不是純粹隨意的（pure *arbitrium*）事情，而是自由的隨意（*arbitrium liberatum*）。換句話說：這決定具有的是知識的力量（noetic force）而非存有論的力量（ontological force），承認聖經（Scripture）之所是而非創造其本性。[46]

第二，這一認信的舉動，即教會有關正典的判斷，是一種順服的行動，這是先於其為一種權威的行動。這是因為教會的權威除了在於教會承認其所服從的規範之外，甚麼也不是。「教會行使多少順服，它就有多少權威。」[47] 詹森（Robert Jenson）近期相當令人吃驚的有關正典的解說，正陷入這一觀點之中：未能對「決定」這意念提出充足的神學規限性（theological specificity）。「聖經的正典……是……教會教義性的決定。如果我們將要容許教會的教義是沒有最終權威的，或我們容許那機構（教會藉此闡明教義）是沒有最終權威的，那麼就沒有聖經的正典了。唯獨聖經（*sola scriptura*）這口號，**如果**其意思是『離開信經、教導職分，或是權威性的禮儀』，那它就是矛盾修辭法（oxymoron）。」[48] 但是這是否顛倒其所尋求的肯定，藉著描繪教會的判斷行動為「教會歷史性地完成的推薦，而教會作為羣體亦變成眾多個體組成的會社（association of persons）」；[49] 而非遵從的行動，從外而來推動教會作出判斷？並且，教會如何可以抗拒其持久的欲求，即要求跟其自己獨語（monologue），除非其有關正典的「權威性」決定，是教會對其已然服從的規範的告白，並且如果教會要認識真理，那麼它只能夠站立在這規範之下？

第三，作為認信及順服的行動，正典化的行動具有一**後溯**的指涉（backward reference）。通過這一指涉，教會肯定一切在教會中真誠的言說，只能夠由在先的使徒見證所開展出來。正典化是確認使徒性，這不單只是確認某些文本是使徒所寫的或源出於使徒的，而是更深入地，認信這些文本「是建基於上帝在基督裏已然一次過完成的拯救行動」，[50] 是附加進耶穌基督的自我發言中的。教會的正典和使徒性（以及使徒統緒〔apostolic succession〕），在這裏也分不開。「教會的使徒統緒必定意味其為正典所導引的。」[51] 更為寬廣的教會論觀點（很容易在如下的教會論中被遮蔽：一種從社羣的—歷史性的〔socio-historical〕描繪中獲取它們的線索，來掌握羣體的內在動力）是：教會及其一切行動都是**明示的**（ostensive），指向在這些行動之外及之後的、那些超越及先於它們的東西。因此，「教會正典的決定基本上是對已被給予的規範的認信，教會已經預備讓自己被這規範所量度……正典是如下事實的表達：教會只在其向後指涉時才實在是教會。」[52]

第四，作為認信、順服及回顧（retrospection）的行動，教會有關正典的判斷，是它自我應許在其一切行動上都被這規範所盛載。正典化是向已給定的規範委身，被其主導運作，並因而由此規範主導其言說及行動。實質來說，正典帶來教會自由言說的終結，如果我們所講的自由言說僅僅只是恣意的（*Willkür*）；正典意味著有責任訴諸正典，並被其管治：規範的自由並非被違反，而是每當在規範被應用及運作時自由就被維繫保存。這裏其中一個結果是，教會對正典的**使用**，有一清晰的被動性格（在許多關於「聖經〔Scripture〕的使用」的言說中，很多時候都沒有講得清楚）。福爾克特（Kendall Folkert）在一篇很有影響的文章中，為由其他宗教活動所背負的文本正典（「在一傳統中主要是由向量／矢量〔vector〕或諸向量／矢量〔vectors〕來呈現的」），以及作為其他宗教活動的背負者的文本正典（即是「相當獨立地及區別地呈現於一個傳統之內的規範性文本……並且其自身常是以向量／矢量的方式來起作用的」），[53] 劃出區分。對正典作出基督教的講述，是後者的方式，因為正典性並非一種使用的功能（a function of use），但是使用是正典性的一種功能（正典性自身是神聖的許可與使用的功能）。因此，對正典的肯定，是一種委身：容許教會的所有活動（大多數指崇拜、宣講及管治的活動）為正典所圈起而實行。崇拜、宣講和管治並不**使用**正典，彷彿正典是資源的目錄，教會可按這目錄而瀏覽並從其中選取它認為適合或討好某些特殊場合的東西；反之，這些行動應在每方面都為正典及正典所確定先於教會的東西所形塑。

總括起來，這四項考量提議出，神學地推斷——即是，注視其在三一上帝拯救的自我溝通的歷史中的地位，從而作出推斷——教會的正典化行動，是一組人類活動、態度和關係，指向那在自己以外先前的神聖行動：言說和聖化。就像教會中其他元素，即監督、服事、宣講、祈禱、聖禮、團契、見證，正典是恩典、神聖應許附上受造物的實在的事情。正典就像這些元素，也是「一個人類自我意志的遊樂場」，但也是「基督主權的場域」，所以：

> 如果我們相信，主較罪更有能力，雖然罪無可爭辯地在教會中統治；如果我們相信，雖然無可爭辯地到處都是對抗恩典的力量，甚至在教會裏也是如此，但祂是得勝者；那麼我們就能夠指望，有關正典的真正知識和認信，並因此對真正正典的認識和認信，在教會中至少不是沒可能的，這並非因為我們必須相信人，而是因為若我們沒有放棄我們的信仰，我們就要相信恩典的神蹟。[54]

總結：這裏我們已經訴諸一連串相關的教會論概念——教會作為對神聖話語忠心的聆聽者、作為屬靈上可見的、作為使徒的——這些概念形塑一個架構，解說在教會中聖經正典的權威。話語—信心—教會網路（Word-faith-church nexus），其在古典新教的教義學中的深層根源，已不再熟悉，其位置經常被精巧的羣體傳統與實踐的理論所佔據。在下一章，當我們轉向檢查這些理論在解釋學之上的應用，我們將會看到這樣的理論並非教義地中性的，並且正正是這些理論所拖加的教義性激戰，讓明確的教義式解說之發展，具有某種必然性。「沒有聖經（Scripture），就沒有教會；因為教會作為與基督相交的羣體，是倚靠其成員共同對耶穌基督的信靠而存活的。但是，沒有上帝的話語，就沒有信；沒有信，就沒有教會；而沒有聖經，就沒有可以產生信的上帝話語之知識。」[55] 這對閱讀聖經（Holy Scripture）的方式，意味著甚麼？

註釋：

1 *Geneva Catechism* Q. 111, in T. F. Torrance, ed., *The School of Faith* (London: James Clarke, 1959), 22.

2 *Geneva Catechism* Q. 112, 23.

3 *Geneva Catechism* Q. 113, 23.

4 C. Schwöbel, "The Creature of the Word. Recovering the Ecclesiology of the Reformers," C. Gunton and D. W. Hardy, eds., *On Being the Church. Essays on the Christian Community* (Edinburgh: T & T Clark, 1989), 122.

5 E. Jüngel, "The Church as Sacrament?" in *Theological Essays 1* (Edinburgh: T & T Clark, 1989), 205。進一步，見 E. Jüngel, "Der Gottesdienst als Fest der Freiheit. Der theologische Ort des Gottesdienstes nach Friedrich Schleiermacher," *Zeichen der Zeit* 38 (1984), 264 ~ 272；"Der evangelisch verstandene Gottesdienst," in *Wertlose Wahrheit. Theologische Erörterungen III* (Munich: Kaiser, 1990), 283 ~ 310。

6 關於這一點，見 E. Jüngel, *Das Evangelium von der Rechtfertigung des Gottlosen als Zentrum des christlichen Glaubens* (Tübingen: Mohr, 1998), 64, 77f., 79, 87f。

7 K. Barth, *Church Dogmatics* I/2 (Edinburgh: T & T Clark, 1956), 804.

8 G. Lindbeck, "The Church," in G. Wainwright, ed., *Keeping the Faith* (London: SPCK, 1989), 193.

9 林貝克的限定——大意是這些社羣的—語言的組別的「被揀選性」(chosenness),「只為信所知道」(Lindbeck, "The Church," 193)——並不能帶領我們認識更多。

10 G. Lindbeck, "The Church's Mission to a Postmodern Culture," in F. Burnham, ed., *Postmodern Theology. Christian Faith in a Pluralist World* (New York: Harper, 1988), 39f。關於外在話語(*verbum externum*),亦見 G. Lindbeck, "Barth and Textuality," *Theology Today* 46 (1986), 365;G. Lindbeck, *The Nature of Doctrine* (London: SPCK, 1984), 116～120。

11 Lindbeck, *The Nature of Doctrine*, 116.

12 這批判的其中一個相當微妙的版本,見 R. Williams, "Postmodern Theology and the Judgment of the World," in F. Burnham, ed., *Postmodern Theology. Christian Faith in a Pluralist World* (San Francisco: Harper, 1988), 92 ～ 112;R. Williams, "The Discipline of Scripture," in *On Christian Theology* (Oxford: Blackwell, 2000), 44～59。

13 在這樣的意義下,希利(Nicholas Healy)恰當地修正現代教會論中許多的改宗涅斯多留主義(convert Nestorianism),希利的做法是強調教會論是一門「實踐的—先知的」(practical-prophetic)學科,見 N. M. Healy, *Church, World and Christian Life. Practical-Prophetic Ecclesiology* (Cambridge: Cambridge Unversity Press, 2000),特別是頁1～51。

14 就基督論式解說使徒性(不單只是教會論式解說)對神學地了解聖經本性的重要性,有辨識的反省,見 N. Healy, "Hermeneutics and the Apostolic Form of the Church: David Demson's Question," *Toronto Journal of Theology* 17 (2001), 17～32。

15 Y. Congar, *Tradition and Traditions* (London: Burns and Oates, 1966), 474.

16 G. Lindbeck, "Scripture, Consensus, and Community," in R. J. Neuhaus, ed., *Biblical Interpretation in Crisis* (Grand Rapids: Eerdmans, 1989), 78.

17 I. Kant, *The Conflict of the Faculties*, in A. W. Wood and G. Di Giovanni, eds., *Religion and Rational Theology* (Cambridge: Cambridge University Press, 1996), 262.

18 Kant, *The Conflict of the Faculties*, 252.

19 Kant, *The Conflict of the Faculties*, 262.

20 R. Morgan with J. Banton, *Biblical Interpretation* (Oxford: Oxford University Press, 1988), 7.

21 Kant, *The Conflict of the Faculties*, 261.

22 隨著這些教義的線索,我們需要對如法利(Edward Farley)或瓦格納

(Falk Wagner)等人所設定的對聖經權威的作用和概念的批判，作出回應，他們的著作分別是：E. Farley, *Ecclesial Reflection. An Anatomy of Theological Method* (Philadelphia: Fortress Press, 1982), 47 ～ 82；F. Wagner, "Auch der Teufel zitiert die Bibel. Das Christentum zwischen Autoritätsanspruch und Krise des Schriftprinzips," in R. Ziegert, ed., *Die Zukunft des Schriftprinzips* (Stuttgart: Deutsche Bibelgesellschaft, 1994), 236 ～ 258。兩人的解說都陷入抽離教義以推斷聖經權威的困難中，並且兩人強行把歷史資料加插進入一個過於圖式化的敘事之中。相反，溫斯(Armin Wenz)把聖經權威跟位格的神聖臨在，連絡在一起，見 A. Wenz, *Das Wort Gottes* (見如頁 301)。

23 對這過程的解說，見以下重要的文章：T. F. Torrance, "The Deposit of Faith," *Scottish Journal of Theology* 36 (1983), 1 ～ 28。

24 E. Schlink, *Theology of the Lutheran Confessions* (Philadelphia: Fortress Press, 1961), 10, n. 4.

25 G. C. Berkouwer, *Holy Scripture* (Grand Rapids: Eerdmans, 1975), 36.

26 這是為甚麼恰當地談論聖經的權威乃是在其本身(*in se*；見 R. Preus, *The Inspiration of Scripture. A Study of the Theology of the Seventeenth Century Lutheran Dogmaticians* [Edinburgh: Oliver and Boyd, 1957], 88f.)，以保衛抗衡地把聖經置於教會之下；聖經的權威在其本身這意念，只有在下述情況才會出現難題：一方面，把其從神聖行動**透過**聖經(Scripture)的考量中抽離出來；另一方面，把其從聖經對建立上帝與人類的拯救性團契的指向中，分離開來。

27 H. R. Niebuhr, *The Meaning of Revelation* (New York: Macmillan, 1962), 182.

28 Niebuhr, *The Meaning of Revelation*, 183.

29 D. Hollaz, *Examen theologicum acroamaticum* (1741), cited by Preus, *The Inspiration of Scripture*, 98, n. 3.

30 Berkouwer, *Holy Scripture*, 70.

31 E. Herms, "Was haben wir an der Bibel? Versuch einer Theologie des christlichen Kanons," *Jahrbuch für biblische Theologie* 12 (1998), 99 ～ 152；這篇爭議性文章，其中一個弱點是其底下的二元論假設：對正典作功能主義的或社羣—語用(socio-pragmatic)的解說，只能藉著排斥神學考量而進行。對此所作針對性的批判，見 M. Welker, "Sozio-metaphysische Theologie und Biblische Theologie. Zu Eilert Herms: 'Was haben wir an der Bibel?'," *Jahrbuch für biblische Theologie* 13 (1999), 309 ～ 322。

32 當然，重要的不是被哄騙，認為正典化乃一單一事件或決定，正典化更近似於一組混合多種交織一起的過程的事件或決定。

33 Berkouwer, *Holy Scripture*, 72.

34 T. F. Torrance, "The Word of God and the Response of Man," in *God and Rationality* (Oxford: Oxford University Press, 1971) , 152.

35 Barth, *Church Dogmatics* I/2, 801。參 O. Weber, *Foundations of Dogmatics*, vol. I (Grand Rapids: Eerdmans, 1981) , 289。

36 F. Schleiermacher, *The Christian Faith* (Edinburgh: T & T Clark, 1928) , 602；參 I. Dorner, *A System of Christian Doctrine*, vol. IV (Edinburgh: T & T Clark, 1882) , 247。

37 Schleiermacher, *The Christian Faith*, 603.

38 J. Calvin, *Institutes of the Christian Religion* IV. 9. xiv. (Philadelphia: Westminster Press, 1860) , 1178.

39 Calvin, *Institutes of the Christian Religion* I. 7. i (頁 75)。

40 J. Calvin, "The True Method of Giving Peace to Christendom and of Reforming the Church," in *Tracts and Treatises in Defence of the Reformed Faith*, vol. III (Edinburgh: Oliver and Boyd, 1958) , 267.

41 Augustine, *Against the Epistle of Manichaeus called Fundamental* 5, in *Writing Against the Manichaeans and Against the Donatists* (Edinburgh: T & T Clark, 1989) , 31.

42 Calvin, *Institutes of the Christian Religion* I. vii. 1 (頁 75)。

43 Calvin, *Institutes of the Christian Religion* I. vii. 2 (頁 76)。

44 Weber, *Foundations of Dogmatics*, vol. I, 251.

45 Barth, *Church Dogmatics* I/2, 473。亦見 E. Schlink, *Ökumenische Dogmatik. Grundzüge* (Göttingen: Vandenhoeck und Ruprecht, 1983) , 634。

46 有關此一討論，見 Berkouwer, *Holy Scripture*, 78。

47 Weber, *Foundations of Dogmatics*, vol. I, 251.

48 R. Jenson, *Systematic Theology*, vol. I (Oxford: Oxford University Press, 1997) , 27f.

49 Jenson, *Systematic Theology*, 28.

50 Schlink, *Ökumenische Dogmatik*, p. 635.

51 Barth, *Church Dogmatics* I/1, 104.

52 Weber, *Foundations of Dogmatics*, vol. I, 252.

53 K. W. Folkert, "The 'Canons' of 'Scritpure'," in M. Levering, ed., *Rethinking Scripture* (Albany: SUNY Press, 1989) , 173.

54 Barth, *Church Dogmatics* I/2, 598.

55 I. U. Dalferth, "Die Mitte ist außen. Anmerkungen zum Wirklichkeitsbezug evangelischer Schriftauslegung," in C. Landmesser et al., *Jesus Christus als die Mitte der Schrift. Studien zur Hermeneutik des Evangeliums* (Berlin: de Gruyter, 1977) , 175.

3

在恩典的經世活動中閱讀

我們到現在為止，所探討的神學概念，都有一定的智性（intellectual）尊嚴和莊重。但這些概念所呼求的也是屬靈的，啟示、聖化、感通、正典，就如許多教義的工具，不那麼就手；要了解它們，就不能離開基督教對其所作的安置部署。因此，我們可以以其中一位信義宗老神學家一段對關乎「使用」聖經的信條之説明為開始：

> 這信條要以下列方式被使用：我們要毫無保留地承認及接受聖經……作為大能上帝的話語，並且我們要尊重及珍愛聖經，猶如最寶貴的財產……我們要敬虔地聆聽上帝在話語中的言説，我們要日夜反思祂的話語並以真正的誠懇和極度的熱愛來探究這話語……我們不要從聖經中轉離，或向右或向左，也不要被其他説法或我們自己肉體的情慾打動，那怕是最輕微的，以至在某程度上我們引介某些東西進入教義或生活之中，而這些東西卻是妨礙我們更好地認識或違反我們的良知……我們要單單從上

帝的話語獲取安慰，以滿足身體和靈魂的每一需要，並且透過聖經那忍耐的安慰，我們獲取一確實的盼望，並且一直堅定不移，直到生命的終結。[1]

對於古典新教教義學者，如卡洛夫（Abraham Calov），基督教有關聖經（Holy Scripture）本性的教導，不單是知識的形式原則，並且是實踐的、屬靈的忠告；關於這事實，都有很多清晰的或更為動人的描述。要正確地掌握聖經的本性，會同時涉及理性的贊同，和心智、意志及感情的敬虔性情。承認、接受、聆聽、熱愛、制衡分心的慾望、信心（faith）、信靠（trust）、在聖經中尋找安慰，這些態度和實踐都是忠心的聖經讀者的特性，缺乏這些特性，就表示對閱讀聖經所需涉及的，出現了墮落的了解。

然而，如果我們自己要這樣討論，我們一定要抖落自己，離開一種純粹智性的或屬靈的文化——在這種文化之中，卡洛夫所推薦的謙卑的、節制的行動和態度，沒有甚麼地位。要處理這些議題，這一章在兩方面劃出對比，一方面是一種具有代表性的現代解說，可被稱為「閱讀的人性論／人類學」（anthropology of reading）——這是叔本華（Arthur Schopenhauer）的用語；另一方面是兩個相反的見證，一個是早期現代的，而另一個是相當近期的：加爾文（John Calvin）和潘霍華（Dietrich Bonhoeffer）。[2] 在這樣對比的基礎之上，我們進到一教義的勾畫，就是在恩典的經世活動中作一個聖經的讀者，是甚麼意思。在開始時提出這點很重要，就像教會教義的情況那樣，因此這裏討論閱讀的本性：我們並不離開有關上帝的操作用語（operative language about God），而進到更易由解釋的心理學（psychology of interpretation）、德性的理論，或者更為一般的對理性行動的解說所作出有效之繪圖。關於三一上帝恩慈地自我臨在/呈現的語言，對我們談及讀者時所起的作用，一如對我們談及啟示及其文本的僕人時所起的作用，都是那麼重要的。而因此在這裏，教義學也是加倍地重要。首先，教義學會證明，它自己在系譜學的工作（genealogical task）中是有力的助手，即是可以勝任發掘及揭露那些批判的審視所具有的慣例，很明顯這些慣例遮掩它們自己的視野。正正因為其不合事宜——事實是，教義學不準備符合或配合某些普及的文化假設——教義學的潛在能力在於警告我們這些假設的偶發性，並且提出一個關於其來源出處的解說。第二，教義學提供工具以描繪恩典的經世活動，以及描繪在這經世活動中的人和其活動，而可免除關於基礎的焦慮，並因而自由地獻身於描述的工作，並帶著基督教的警醒、清晰和喜樂。[3]

那麼，在我們眼前的工作，就是描繪卡洛夫所講的正確「使用」聖經作為上帝聖化的僕人，福音在當中被置定在細心傾聽的教會（attentive church）的面前。如果聖經是話語的僕人，而教會是話語的聆聽者，那麼，在閱讀這文本的過程中，會涉及甚麼？我們可以如何以教義學的詞語，具體説明讀者的活動？當然，無疑，這一活動**是**出現了。聖經不是抽離其讀者而存在的。這是因為聖經在拯救的經世活動中是位助手（auxiliary），而這經世活動的終結是**團契**（fellowship）。拯救是和好，這和好包括上帝與人類之間那溝通式團契的醫治和恢復，這溝通式團契曾經為受造物的藐視和無知所破壞。但是，溝通式團契不能只在單方面被醫治，它必須包括人類這方面的修復，使其真正有分於認識上帝。當然，恩典總是單向的，而我們被恩典恢復以致認識上帝，這只是在救贖的兒子和復蘇的聖靈的工作中來自上帝的。但是，恩典藉著使人從死裏復活，而從無有所創造出來的（creates *ex nihilo*），並不只是空洞的空間（empty space）、一個**不在場**（an absence），因為這樣就缺乏與上帝的自我給予（the self-gift of God）相對應的受造物。恩典建立團契，而結果，啟示性恩典的經世活動包括了人類認知者的聖化，以致透過聖靈，他的或她的認識是被導引朝向上帝的。正如我們曾看見的，這是為甚麼一個對上帝啟示性自我臨在／呈現的解說，一定必然地是由一個對教會的解說所完成，這教會是上帝發言的初熟果子；這也是為甚麼「聆聽的」教會不單是被動的實在，也是——在上帝的管治下——一個涉足於可見行動的羣體。再進一步，這是為甚麼一個對在恩典的經世活動中的讀者和閱讀活動的解說，對於就聖經在拯救的經世活動的位置所作出的神學解說而言，是那麼必要的元素；因為閱讀聖經的行動是立約相互性（covenant mutuality）的一個面向，人類被恢復要進入的就是這種相互性，並且在其中受造物的行動找到其恰當的位置。

因為這個緣故，一連串的關注需要被提出，以描繪這些受造物的行動，包括閱讀的行動，以及這些行動應擁有基督教恰當的獨特性。[4]在定義教會的授權化和正典化的行動之中，有兩件事特別重要。首先不要假設，對社會/社羣化過程（social process）作非教義式的解說，就不會對神學描述帶來大量的修改。第二，就是容許教義可以做真正的工作。同樣地，對於「在恩典的經世活動中**閱讀**聖經」是甚麼意思，在定義的過程中，如果我們在任何教義式的考量以先已決定甚麼是「閱讀」，然後把這些決定應用到教會對聖經的相遇，那麼我們不可能取得極大進展。閱讀聖經的行動——因為是閱讀**聖經**的行動，這聖經是上帝活潑話語（*viva vox Dei*）的信差——不是任何其他的事情，而是一種行動(雖然可以類比於跟其他行動)，在其深處自成一類的（*sui generis*）。正如一切基督徒的行動，這閱讀行動的實質，最終並非由其跟其他（沒有分享基督教認信的）踐行者的行動的相似性來決定，而是由拯救的形塑性經世活動所決定的，閱讀在其中有其起源與終結。在形塑性的經世活動之中，閱讀的行動參與了基督徒存在（Christian existence）的基本結構，即其主動的被動性（active passivity）或被動的主動性（passive activity）。就像其他基督徒存在的行動，閱讀聖經是一種人類活動，其實質在於其指涉上帝的臨在/呈現及行動，以及其在上帝的臨在/呈現及行動面前自我引退。

閱讀聖經的行動，因而包含某種的自我否定。在基督徒閱讀聖經中所涉及的這種懸擱（*epoche*），當然，在若干方面是某些跟其他的閱讀行動相似的東西，也是某些解釋了在現代性文化的某些部分中，閱讀具有不穩定地位的東西。閱讀跟自發的和自我擁有的個體性這理想並不吻合，但這種個體性卻是現代人性論／人類學的其中一個標誌。我們可以從叔本華的一些按語來顯明這一點：

> 藉為你自己思想而對心靈（mind）所造成的影響，以及藉閱讀而對心靈所造成的影響，兩者的分別是不可置信地巨大的……因為閱讀把跟心靈的心境相異的思想，如圖章印在封臘上般強迫地刻印在心靈中。心靈全然屈服於外在的強制力而思想這些或那些，而這些所思想的是心靈沒有意向於此的，以及不在此一心境之中的……結果是，**很多**的閱讀奪去了心靈的所有彈性，就如不斷對彈簧加重壓力，而要使你自己永遠沒有任何自己的想法，最可靠的方法乃是每當你一有空，就拿起一本書。[5]

叔本華在「為你自己思想」（thinking for yourself）和「閱讀」之間所劃出的對比，是很有啟發性的，這在於其底下的智性原創性的理想，在深層意義上，智性的活動在非強迫的情況下才是真正的（authentic）。真正的思想是「為你自己」的，即是一種意志的行動。就像泉源一樣，心靈有其自己所儲存的能量，而只有在心靈沒有被加重負擔時，它才可以保有這能力。閱讀侵蝕自發性，把思想者置於「外在的強制力」和「異己」（alien）的強力要求之下。相反，思想對我們是循規蹈矩的。「基本上，只有我們自己的基本思想才擁有真理的生命，因為只有這些我們才真正透徹明白。我們所閱讀的他人的思想是他人桌上的碎屑，不熟悉的旁人所脫下的衣服。」[6] 因此，「閱讀僅只是為你自己思想的代用品，意思是讓別人指導你的思想——放逐自己的思想好能拾起書本，乃是對抗聖靈的罪」。[7] 在這些述句背後藏有的是兩個深沉的人性論／人類學思想：即時性（immediacy）和自主性（autonomy）。叔本華注意到：「第一流的心靈特徵是其一切判斷的即時性。」[8] 因此，判斷不是學習得來的，而是自我衍生的——對叔本華來說，從學習得來的事物，就像「人工製造的四肢、假牙、蠟鼻」。[9] 思想者是他自己的主人，並因此，「他真正地為其自己思想……就不再接受權威，而是像君主下命令……他的判斷，像君主的決定，直接從其絕對權力而出」。[10] 最終，這是為甚麼叔本華，一如笛卡兒（René Descartes），[11] 認為真正的思想者是「**為他們自己的思想者**」（thinkers for themselves）。[12] 但是一種對閱讀聖經的基督教神學式解說，一定尋求相異的看法，而要明白箇中原因，我們可以稍為看看兩位神學家，對於他們來說，閱讀話語（reading the Word）是所有基督徒思想與言說的核心所在。

加爾文及潘霍華

加爾文

當然，加爾文是個聖經的而非玄思的（speculative）或系統的神學家，他基本上透過其聖經講座、註釋及講章，以完成他作為教會博士（doctor of the church）的職分。《基督教要義》（*Institutes of the Christian Religion*；下簡稱《要義》）也不例外，正如加爾文在一五五九年所講，其目的是為了「預備及教導神聖神學（sacred theology）的考生去閱讀神聖話語，以致他們能夠同時輕易接近神聖話語並深入其中而沒有被阻礙」。[13] 加爾文大量（恰當地）挪用人文主義的傳統，把聖經解釋（biblical exegesis）從隸屬於集註（gloss）中解放出來，以及把神學從隸屬於字句記錄法（sentence-method）中解放出來。但是在加爾文跟聖經密集地打交道底下，其所有的原則都是明確的神學原則：聖經是其作品的北極星（Iode-star），因為他看到的是聖經在神聖的拯救工作中的位置，尤其是其在宣告福音、斥責偶像崇拜和撫育真正敬虔的作用。這裏還有一個對閱讀聖經直接的後果：對讀者的要求不單是智性的技巧，而更要求某種破碎——只有從這種破碎之中，真正的專注閱讀才能夠相繼出現。

加爾文在其較早時期的作品——一五三四年的《心靈分析》（*Psychopannychia*）——中的序言式演說〈給讀者〉（"To the Reader"），簡要地描繪了讀者的恰當屬靈性情：「我們應該反思：『真理只有一把聲音』，這聲音由我們的主的嘴唇吐出來。一旦拯救的教義被提問，我們應該只向祂敞開我們的耳朵，至於其他一切我們應當掩耳不聽。」[14] 在這裏有某些特有的按語是加爾文後來予以發展的：基督論地集中於言說基督的位格；強調專注聆聽；以及某種全然無保留、拒絕分心。加爾文特別批判那些滿是驕傲，又把聖經附加於他們自己的慾望之上，而不是服從聖經判斷的人。他提問：「把聖經滾來滾去，又扭曲聖經以致從其中尋索可以牧養我們的慾望，或是強把聖經遵照我們的意思，這是一種學習的方法嗎？」[15] 加爾文這篇早期作品，早已進到一種人性論／人類學，視人為受造物式接受器（creaturely recipient），接受話語（Word），而在其中，聆聽聖經的活動是在慾望與謙卑的衝突中發生的，並且更重要的是，在其中，敬虔的讀者是可教導的、自我節制的和敬虔地注意主的聲音。這是科爾特（Wesley Kort）所形容的「歸心式閱讀」（centripetal reading）：

> 閱讀聖經的行動涉及並要求全然的脫去（divestment）和轉位（dislocation）。在讀者的世界和自我，跟只有在聖經和藉著閱讀聖經才可獲得的上帝拯救的知識，兩者之間出現了消極的關係（negative relation），因為上帝拯救的知識不是補足其他方式所取得的上帝的知識，而是，其他上帝的知識需要在歸心式閱讀中並透過之所獲取的知識的亮光下，作出重構。這種移位（displacement）和重構是每次閱讀聖經必然發生的。歸心閱讀的行動，跟放開每一事物（包括自我）的意願，是分不開的，而要計算這一切，那只會是潛在的障礙、代替品，或是分心。[16]

當我們來到一五五九年版《要義》的卷一（Book I），加爾文已經對許多同樣的主題作出了豐富的反省。

加爾文在《要義》卷一對聖經的解說，是他那更為廣闊的和從拯救論導向所提供的上帝知識論的一部分，單單透過這上帝的知識，我們就會恢復對自己的真正認識。[17]

對於加爾文來說，人類的認知活動在罪及救贖的戲劇中被逮住：不再是可靠的官能或是不受我們的敗壞所影響的一組技巧，人的認知是一處邪惡的及故意的拒絕上帝的場所——加爾文稱這為「不義的、卑鄙的、愚蠢的，以及不潔的」。[18]「人類的毀滅」[19] 可以在特別邪惡的表達中見到：**發明性**（inventiveness）。加爾文在許多地方都評論過邪惡的偶像崇拜，視它為跟真正的敬虔對立的。有兩個例子可顯明這點：

> 當上帝獻出祂自己，他們沒有……理解上帝，而是把上帝想像為可以按照他們自己的設想來塑造祂。一旦這鴻溝打開了，無論他們的腳往哪個方向走，他們都只會一頭栽進毀滅之中。事實上，無論之後他們嘗試藉著崇拜或服事上帝來做甚麼，他們都不能衷心地對待上帝，因為他們崇拜的不是上帝，而是他們自己心裏的虛構和夢想。[20]

> 每個人的心靈都像迷宮，因此並不奇怪，每個民族都被捲進不同的錯謬之中；不單如此，而且差不多每一個人，都有他們自己的神明。因

> 為一旦輕率魯莽和膚淺表面一道加入無知和陰暗的行列，很少人能夠不為自己製造偶像或鬼怪以取代上帝。正如水從廣大的、充滿的泉源湧流出來，無數的神明也從人類的心靈中湧現，當每一個人都持有許多許可證到處遊蕩，就會錯誤地發明這些或那些有關上帝自己的東西。[21]

對於加爾文，那反駁不敬虔自我的虛空、不穩定性和全然狡猾的，就是「另外的和更好的幫助」，即「祂話語的光」，藉此上帝成為「可知的拯救」。[22] 上帝藉著聖經的自我啟示還擊驕傲。在加爾文的解說中，聖經是「特殊的禮物，為要教導教會，上帝不單使用啞教師，也打開祂最為神聖的嘴唇。祂不單教導選民注視一位神明，更顯明自己就是他們要注視的上帝」。[23] 因此，「我們一定要來到……話語面前，這話語根據祂的作為而真正地及生動地向我們描述這位上帝，而這些作為得到評價，這並不是出於我們那些墮落了的判斷，而是由永恆真理的規則所判斷的」。[24]

透過聖經的見證「來到話語面前」，這具有甚麼人性論／人類學的向度？

> 現在，為了真正的宗教可以照亮我們，我們應該認為：必定要以從天上而來的教義為起點，以及除非是聖經的學生，沒有人能夠獲取正確

及穩固的教義，即使是淺嘗也不可能。是以，當我們恭敬地擁抱那叫上帝喜悅的見證，這見證是見證上帝自己，那麼，真正了解的開始就出現了。但不單只是信、圓滿和在每一方面都完全，而是所有正當的上帝知識，都生於順服。[25]

這裏有三件事值得注意。第一，上帝的知識，對於加爾文來說，是跟「為一己而思想」對立的。「人類心靈何等靠不住以致墮落到忘記上帝、各類錯誤的趨勢有何等的巨大、恆常製造新的和假的宗教的慾望有何等的巨大」，加爾文對此進一步寫下了許多判決。[26] 因此，「真宗教」——即緊繫於上帝的真理的——「定必以從天上而來的教義為起點」：上帝必定教導。第二，對應於這一神聖教義的是如下的事實：我們是聖經的「學生」；我們既非主人也不是其批評者，而只是聖經學校的學員。因此，第三，了解的核心是對神聖的自我見證存敬畏和順服的心。

所有這些討論可以用早期《日內瓦的教理問答》（*Geneva Catechism*）中的一個問題和一個答案總結起來，而這問答為我們提供了有關基督教閱讀聖經的人性論／人類學一個精巧濃縮的說明：

問：我們如何使用〔聖經〕，以致可以從中得到好處？

答：藉著自己良知完全贊同地接受它，以之為從天上而來的真理，以正確合宜的順服來

> 把自己獻予它，藉著把它刻印在自己的心中而真情不假地愛它，我們即可完全跟隨它並使自己與它相吻合。[27]

加爾文所要講的是：堅持正確的使用，乃為靈性的好處；要求良知的同意（當然，*conscience / conscientia* 並非人類意志的深思行動之一種作用，而是心靈與意志遵從給定的真理〔given truth〕的作用）；歸順、順服和愛慕，作為人在接受話語時的原初回應；並且把這一切強化起來的是與聖經相遇，與「從天上而來的真理」相遇。這裏不是否定人性論／人類學元素：對於加爾文，總是包括「兩部分」的，即不僅是內容，也是認識上帝及我們自己的過程。[28] 這樣所提議的是，在恩典的經世活動中，受造物的那一方（相應於啟示）恭敬地專注於文本，上帝在其中言說，「彷彿這文本是祂自己的口說的」。

潘霍華

解釋潘霍華的作品時，那致命地容易的是沒有充分重視如下的事實：「大多數潘霍華的著作都是聖經解釋（biblical exposition）的」，[29] 不計其兩本論文《聖徒相通》（*Sanctorum Communio*）[30] 和《行動與存有》（*Act and Being*）。[31] 大多數潘霍華的學生都被其他議題吸引開去：大多數是社羣性（sociality）及倫理的議題。[32] 這樣的其中一個後果，是一幅把潘霍華過度理論化的圖畫；那已然失落的是，潘霍華的聖經研究所具有的實踐直接性（practical directness），以及他所意識到的：聖經解釋是神學家的使命，而理論可能是障礙。

《聖徒相通》及《行動與存有》之後，潘霍華對系統的及哲學的神學的興趣漸減。他愈來愈貫注於直接解釋聖經，他寫作的文體轉移為相當不拘形式和愈少概念的東西。實際上，他變成實踐的、聖經的神學家，其著作常是出奇的簡潔及有力。決意的直接簡明及對知識精巧化的抗拒，這是從表面來看：閱讀其從一九三〇年代開始的聖經著作，便發現所要求的並非反思，而是被福音的演說召喚。這是為甚麼（如跟馬殊〔Charles Marsh〕相反），把其著作如《團契生活》（*Life Together*）或《追隨基督》（*Discipleship*）當作「敬虔主義的及樸素的」[33] 作品來閱讀，是完全恰當的，條件是我們使用這些詞彙來宣傳如下的事實：潘霍華關心的是釋放出聖經話語的批判力量，而無須以概念式的精雕細塑為中介。在這些宣講的著作裏，要找尋「那些跟潘霍華的哲學交談伙伴所進行的重要的潛文本的（sub-textual）討論」，或「聖經的、哲學的和政治的主題相互精巧的織造」，[34] 這都是抓不著重點的。直接的、宣講的修辭，有意迴避技巧性或複雜性，這些洗盡鉛華的散文，全都標誌如下的事實：潘霍華醒覺到，解釋聖經這一工作是由兩個信念所掌控的：聖經是上帝活潑的言語，以及這活潑的言語需要一樂意順服的及主動的順從的態度。

潘霍華中期的聖經著作其前設是，上帝在聖經之中，以直接的方式讓其自己臨在/呈現（在以相當鬆散的道德方式來閱讀這些作品的過程中，特別是《團契生活》和《追隨基督》，那是很容易錯過的要點）。潘霍華在一篇出色的講義——一九三五年八月的〈讓新約諸文本呈現〉（"Making Present of New Testament Texts"）——形構這一前設。[35] 跟巴特（Karl Barth）在一九五〇年代對布特曼（Rudolf Bultmann）極為出名的應答一道，這講義是少數真正嚴肅地嘗試從神學的根據，來質問整個「解釋學式實現」（hermeneutical realisation）的企劃；這企劃已經為現代神學和聖經解釋展示了魅力。

潘霍華區分兩種意義的實現（*Vergegenwärtigung*）。第一個意思，這是關乎在當下（the present）的法庭前，判斷聖經經文；第二個意思，這是關乎在聖經經文的法庭前，判斷當下。潘霍華定意反對前一個意思，他認為那是陷進跟聖經虛假的關係之中的。它假設，我們內在於自己（無論理性或文化，或人民）之中，有一「亞基米德點（Archimedean point），可由此而判斷聖經及宣講」。[36] 對於這種看法，潘霍華十分坦白：「這樣讓聖經信息呈現，所直接帶往的是異教。」[37] 潘霍華特別批判那把「使呈現」（making present）的問題，轉成了「方法論的問題」的做法，因為隱伏其中的是一種跟聖經失序的關係，事實上，這是「一種危險的信仰衰敗」。[38]

然而，這樣的批評，是由一個對聖經本性的獨特觀念而來的，這個觀念已經離開了潘霍華在《創世與墮落》（*Creation and Fall*）這部釋經作品中所預設的，最重要的是因為潘霍華現在接納了聖經的明晰性（perspicuity）。聖經的明晰性，使得存在的哲學（philosophy of existence）那些相當笨重的技術性討論（這使得解釋創世記首幾章負重不堪），變成冗餘的。潘霍華所提出異議的是一個假設：聖經是沉默的，直至藉著「使呈現」的解釋行動把它實現。「真正使呈現」所要求的是不作任何「使呈現的行動」；[39] 相反，這是涉及「內容／實質（*Sache*）的問題」，涉及文本自身。解釋的議題是從屬於文本的議題，即耶穌基督在這裏宣告祂的臨在／呈現。「當基督來在新約的話語中言說，那裏就是『使呈現』。不是當下（the present）在基督面前提出其宣稱，而是當下站在基督的宣稱面前，**那就是『使呈現』**（there is "making present"）。」[40] 儘管實現（*Vergegenwärtigung*）的企圖絕對化了解釋者的當下，即是召喚文本於其當下的面前，為要作出評審及可能的「實現」；潘霍華對此辯論：人的當下不是由「時間的定義」所決定的，[41] 而是由「作為上帝話語的基督話語」所決定的。「基督教信息的及文本解釋的具體性（*concretissimum*），並不是一種人類『使呈現』的行動，而總是上帝自己在聖靈裏的行動。」[42]

這裏有一後果直接影響潘霍華的解釋工作，而這解釋工作深刻地塑造潘霍華這一時期生命中的聖經作品。基督教的宣講是透過 *Sachlichkeit*（客觀），即是透過「緊繫於聖經」，而成為相干的。[43] 新約的「內容」（matter）是基督在話語中臨在／呈現；是祂而不是我，才是實現（*Vergegenwärtigung*）的恰當邏輯主體（proper logical subject），[44] 因而使文本呈現不過是話語的解釋

(*Auslegung des Wortes*)。[45] 關鍵的地方是，這意味著建立相干性的工作，不是先於或後於解釋經文的(pre- or post-exegetical)；剛好相反，釋經自身履行這工作，而它之所以這樣，是因為釋經所關注的文本話語，乃是基督在聖靈的能力中向教會及世界的發言。這話語並非在人類當下的邊緣留待著、期望著以某種方式成為真實；這話語以其自己恰當的溝通活力宣告其自己。

根據我們這一章的主要興趣來看，這樣對聖經的及其解釋的完全具體性所作的解說，為聖經的真正讀者這幅圖畫，形成了背景。聖經讀者所要展示的正確態度這一問題，對潘霍華是重要的。事實上，貝格特(Eberhard Bethge)於一九三六年在潘霍華指導下寫成的並從芬根氏(Finkenwalde)流傳出來的文章〈每日默想引介〉("Introduction to Daily Meditation")，正正在這傷口上引起了巴特的一些不安。同年十月十四日，巴特在貝里利(Bergli)寫信給潘霍華，提到：「我細心閱讀，但我幾乎不能說我非常喜歡這文章。我不能同意在原則上對神學工作和靈修薰陶(devotional edification)作出區分，而這卻是這篇文章的明顯觀點，並且這也是我在你的信件所感受到的。再者，前者所具有的一種差不多不可名狀的修道院氛圍(ethos)及感染力(pathos)的氣味，使我心神不寧。」[46] 明顯地，潘霍華沒有巴特那份驚恐，芬根氏可能代表了從「原初的基督論的—終末論的起點」上撤退，「而選取某種實現(realisation)……在一特別的人類領域之內」。[47] 巴特的恐懼**可能**是合理的，如果我們考慮到後來的獄中作品；但是根據前一年討論實現（*Vergegenwärtigung*）的講義，以及潘霍華其他論及聖經解釋者的恰當態度的看法，那麼，巴特——至少在這一刻——的不安是誤置了。

更為重要的是，對潘霍華來說，**聆聽**或**專注**是最重要的，[48] 正正因為自我不是以其於世界中的自我處理為基礎，而是以基督的話語為基礎。閱讀聖經——正如潘霍華在《團契生活》所言——是一件在聖經的歷史中、在我們之外（*extra nos*），尋找自己的事情：

> 我們要從自我的存在中被提出來，轉移到上帝在地上的聖史中。在那裏上帝曾經和我們相交，要在祂的憤怒和恩典中對待我們的需要和罪過。重要的，不是因為上帝是我們今天生命的旁觀者和參與者，而是因為我們在這個聖潔的歷史中，是敬虔的聽命者，得以參與上帝的作為，參與基督在地上的歷史。而且只要我們在那裏有分，上帝今天便會與我們同在。[49]
>
> 所以我們的救恩是「在我們自己以外」（*extra nos*）的。我不是在我自己的生命史中找到拯救，乃惟獨是在耶穌基督的歷史裏……我們稱之為生命、苦難和過失的，決不是整個的實在；因為在聖經裏面的，才是我們的生命、需要、過失和拯救。[50]

在這種情況下，恰當的聖經讀者不是一個技術員；以這種詞彙來思想，只會是接納了一種危險的虛假屬靈姿勢。「正確閱讀聖經的方法，不是可以慢慢學習得來的技巧。此乃是隨著自己的靈性狀況而增減的東西。」[51] 潘霍華在一九三六年的流傳信件中提醒收信人有關日常默想的事情，他說我們需要「認識逃避默想、走向聖經的學術研究的危險」。[52] 或者更為到題的是：「聖經的話語必須永不停止向你的耳朵發出聲音，並永不停止一天到晚向你作工，就如你所愛的人向你所說的話一樣。並且正如你不分析你所愛的人向你所說的話，但卻如其所是地接受這些說話，所以，正如馬利亞所做的，接受聖經的話語，並藏在心裏反覆思想。就是這樣子。這就是默想。」[53] 這些按語的要點是，不要主觀化／主體化（subjectivise）聖經、不要把默想聖經變成只是儲備感受的場合。「接受」是關鍵詞。潘霍華在《追隨基督》寫道：「只有向它投降及順從，不是解釋或應用它，乃是順服它並照著它去行，這是聽祂的話的惟一方法。」[54] 潘霍華在一封寫給他姊夫施華歇爾（Rüdiger Schleicher）的信件中（這信件後來變得十分出名），強化了這要點：「我想要認信的相當簡單，就是我相信，惟獨聖經是我們一切問題的答案，而我們需要的只是持續地提問，並且是謙卑地提問，以致從其中獲得回答。我們不能簡單地以像閱讀其他書籍的方式，來讀聖經。我們必定要預備向聖經提出問題。只有這樣，聖經才會把自己開放。只有在我們等候的時刻，聖經才會賜給我們最終的答案。」[55] 再次，要點是，不要個人化或內在化聖經，不要把聖經拖拉到讀者的心神領域（psychic sphere），或是默想羣體的社羣領域中去。剛剛相反，「我們只有敢於把聖經看作是上帝真的向我們說話的器具，我們閱讀聖經時才會開心」。[56] 把握這種進路中所涉及的東西，包括了產生一尖銳的對比：「我或是根據自己的經驗和洞見、我對歷史和自然所賦予的意義——這些都是從我自己而來的——來認識上帝，或是基於祂自己話語的啟示來認識祂。」[57] 再者，我們在啟示中所相遇的，不是某些我們先前的自我那叫人滿意的延伸，而是某些陌生的和不合意的東西，因為「如果是上帝自己說，祂將要在那處出現，那麼那裏真的是一處地方，我們第一眼不會覺得合自己心意的，不會覺得跟自己十分合得來；那地方就是基督的十字架」。[58] 因此，潘霍華對這要點作了重要的擴充，他寫道：

> 這角度不是以某種方式讓你更明白：在任何方面我都沒有要放棄聖經作為上帝陌生的話語，我意圖盡力提問上帝在這裏想要向我們說甚麼？任何在聖經以外的地方，對我來說都是太不確定了。我恐怕我會在那裏遇到過度神聖化的自己（divine double of myself）。這不是以某種方式幫助你明白，關於獨一的（one）、真正的上帝，我準備好了作知識的獻祭（*sacrificium intellectus*）——剛剛在這些事上，並且只有在這些事上？而那些沒有把其知識的獻祭帶進經

> 文的閱讀的人，在認信中他尚未明白聖經中的這段或那段經文，那麼是否可以肯定，即使這些經文，有天也會被啟示為上帝自己的語言？我寧願作出認信，而不根據自己的意見說：這是神聖的，那是人的。[59]

需要強調的是，這一切都不是把聖經閱讀棄絕於僅僅為感性的，或推廣無知的或未受訓練的閱讀。閱讀會涉及感受，但這些感受要被形塑；而那避免無知和缺乏訓練的，並不在於方法論的嚴謹，而是某些更為費勁的東西，就是巴特所講的解釋者的懸擱（*epochē*），以有利於活存基督的話語。[60]

在恩典的經世活動中忠心地閱讀

把加爾文和潘霍華存在心裏，我們就可轉到教義地描繪那**在恩典的經世活動中忠心的閱讀**。「閱讀」這字眼是深思熟慮後的選擇，較「解釋」（interpretation）一語優勝。「閱讀」是更為實踐的、低階的用語，較少跟解釋學理論（hermeneutical theory）的複雜性混在一起，也較透過人性主體的理論所作出的闡釋不那麼專門，並且很少被心理學的或哲學的抽象過程所壓倒地掩蓋。再者，作為一較穩重的詞彙，從聖經所服事的神聖啟示那自我臨在／呈現或自我闡述的性格來看，「閱讀」更為適合。[61] 另一方面，「解釋」一語至少已被那始自士來馬赫（Friedrich Scheiermacher）的主流神學解釋學所塑造，它傾向集中注意力於解釋主體（interpreting subject）其活動的內在闡釋，透過這一主體文本能夠達至其「實現」（realisation）。因為這一原因，「閱讀」更為優勝。閱讀聖經是「忠心地」（faithful）閱讀：釋經理性在信之中被抓住，將其交付給神聖話語的力量，而被神聖話語殺死並且使其復活。「忠心地閱讀」在恩典的經世活動中發生。它是一個在確定的場域或空間中發生的智性活動，這空間是由上帝那作為話語與聖靈的復和性臨在／呈現，以人類的時間、文化和理性建造的。在這空間中，閱讀聖經是參與罪及罪被克服的歷史，是跟上帝**清明的**（clear）話語相遇，以及是在基督的學校內成為學生。

在恩典的經世活動中忠心地閱讀聖經，是在罪及罪被克服的歷史中的一幕。

閱讀聖經這一受造物的行動，是在上帝啟示性自我賜予人類這歷史中的事件（在這方面，這是類比於「領受」聖禮的行動）。作為啟示的歷史的一個面向，閱讀聖經同樣是和好的歷史的一部分，因為上帝的溝通性自我臨在／呈現，總是在跟上帝疏離的心靈中取得其位置。認識上帝，以及作為認識上帝的一個面向的閱讀聖經，只能夠透過克勝墮落而發生，這墮落是以無知和偶像崇拜的方式出現。罪作為無知意味著，拯救的神聖發言對罪人來說是陌生的。我們在罪中的勾結，在於在閱讀聖經時所遇上的福音的內容，是異樣的、不可思議的。罪作為偶像崇拜，意即我們作為罪人忙於生產偶像，以便控制、拒絕或改變福音的內容，以致其恩典的審判能夠被中立化或由某些我們自己的發明而避免了。我們沒有讀得好；我們沒有讀得好，不單是因為技術上沒有能力、文化上跟文本的實質有距離，或是缺乏讀者的精巧，也在於並最重要的是，因為閱讀聖經時，我們被當中那抵抗我們意志的，針對地發言。閱讀聖經因而是一件道德的事情，要求我們成為某類讀者，其閱讀會被收納進和好的歷史中。現代性把理性從德性分離出來，已經使到我們非常難以掌握這種閱讀。無論如何，一個基督教神學的人性論/人類學，會視閱讀聖經的行動，為所有基督徒存在的基本樣式的一個例子；基督徒是透過聖靈清洗和復蘇的力量，而與耶穌基督同死同復活的。因此，最好視閱讀聖經為禁慾節制（mortification）和活化生命（vivification）的一個面向：閱讀聖經是要被殺再復生。因此，正直的意志，即與福音的內容一致的意志，是關鍵的，以致閱讀能夠只如此發生：以破碎的方式、放棄以意志堅強地主宰文本，以及通過釋經理性的引導與上帝相遇而使文本只是工具。[62]

閱讀要求「解釋學的皈正」（hermeneutical conversion）。[63] 但是需要投放大量的關心，如果對事情的解說不要落在道德主義的圈套中。讀者的德性並非人類無須幫助的能力領域。敬虔讀者的德性，透過能正確地使用聖經，就不會被製作（crafted），無論是通過靈性自我培育的私人過程，或是通過挪用基督教羣體在公共生活所活出的生活模式和習慣。閱讀聖經是在罪及克勝罪的歷史中的一幕，而克勝罪是基督和聖靈獨有的工作。一次過的廢棄及恆常制衡我們的邪惡慾望——即要奴役文本及要使用它作為我們意志的延伸——只能透過不屬於我們自己的行動而達到。讀者的意志不單需要被呼喚轉向恰當的目的，更是需要重生。閱讀聖經不能跟重生分割開來，只有在嚴厲地重寫屬靈/靈性心理學，德性的語言才能找到其位置。因此，在解釋學的皈正的解說中，那基本的不是一套道德德性的理論或讀者「性格」的理論，而是拯救論和聖靈論。透過已成肉身的話語、那被釘死的和已經復活的，使得我們能夠聽到福音，但是這只在於我們同一時間死去又復活得到新生命。透過被釘死又復活的基督的聖靈，我們被賜予力量去把心靈和意志安放在福音的真理之上，並像那些已經與上帝和好的人那樣閱讀聖經。[64]

讀者的禁慾節制和活化生命的一個特別重要的面向是，操練那可以稱為「聚焦的專注」(focussed attentiveness)。基督徒閱讀聖經的行動是由某些全然性(exclusiveness)所標示出來的，就是蓄意的把注意力導向文本，以及同樣是蓄意的把其他關注置之一旁。消極地說，這涉及拒絕容許心靈和感情被其他先前專注的事物所逮住。因而閱讀聖經涉及禁慾節制那自由放食的智力，這智力相信自己可以自由地委身於各式各樣的迷人資源。

對應於這消極的一面，是積極地專注於文本。讀者理性的活化涉及聖靈所賜予一定程度的單一性(singularity)或清心(purity)，在當中聖經不是眾多專注的可能對象之一，即使是最輝煌的包裝；而是一個已足以把我們吸納進文本之中的詞語。恰當地閱讀聖經涉及順服於清心化的過程，這是讀者對待聖經的**充足性**（sufficiency）的相應態度。祈克果（Søren Kierkegaard）説，我們能夠「被太多知識所欺騙」。[65] 讀者其中一種必定要被醫治的疾病，是不穩定性、缺乏全然的集中注意力；而讀者的聖化其中之一是有條理地純化慾望，以致閱讀能夠真的發生。加爾文勸告我們：「讓我們總是握住主的嘴唇不放手，並且不在祂的智慧上面添加些甚麼，也不在其中混入我們自己的東西，不要像酵敗壞了全團，甚至令我們之中的鹽失去了味道。讓我們顯出我們是我們的主所想望的門徒——貧窮、倒空、缺少自我智慧；讓我們渴求認識更多卻一無所知，並且甚至渴想只要認識祂所教導的而再無別的；遠離種種異樣外來的成長，視之為致命的毒藥。」[66] 因此，無論讀者的禁慾節制怎樣重要，必定不能從讀者的活化生命中抽離出來。「忠心的閱讀」的特徵不單是破碎，也是釋經理性的恢復和重建；缺了這一點，就會陷進如下的風險：否定罪事實上已經被撤銷。在這脈絡中，真正的運作性聖靈論的其中一項作用，是為讀者的**信心**形構根基：恰當閱讀聖經是可能的，只要心存聖經真正的目的、制衡一切虛假的慾望與分心，以及運用已被甦醒的理性和精神來警覺上帝的説話。這信心不是跟敬畏和震抖對立，它就像所有真誠的人類行動，是出於敬畏上帝的。而因為它是全然倚靠聖靈的光照，它對其他的光會卻步不信（特別是它自己的光，它已從它自己之中被釋放出來）。然而，聖靈已經並繼續被賜予以光照讀者，以致釋經理性可以信靠基督的應許、藉由聖靈的臨在與能力，帶領進入真理。在閱讀聖經的事情上，同樣地，失序和邪惡已被克勝，而理性與上帝的復和已然開始。

> 在恩典的經世活動中忠心地閱讀聖經，是忠心地閱讀上帝清明的話語。

就像我們在這章的開始時所說的，有一種叫受造物式的閱讀行動：儘管聖經是上帝恩慈的自我彰顯的僕人，但它不是宣告，其目的不是就在其被寫成的時候已經實現了。啟示生發聖經，而聖經要被閱讀，如果它是伺候上帝的溝通性臨在／呈現。閱讀聖經不能不涉及一切閱讀所同樣具有的行動：理解字詞、掌握這些字詞彼此的關係、追蹤一個敍事或論證，等等。對啟示的僕人形式作出受造物的回應，一定不能被靈性化／屬靈化（spiritualised）；閱讀聖經是可見的受造物的行動。就如奧古斯丁（Augustine）在其《基督教教義》（*De doctrina christiana*）的前言中盡心強調的，那明顯不真實的是：「所有對這些經文中的困難作出有價值的光照，都是來自上帝特殊的恩賜。」[67] 但是，就像教會（閱讀在其中所發生的），基督徒閱讀聖經的行動具有**靈性的**（spiritual）可見性，而不單是自然的（natural）可見性。這是說，解釋這行動要求我們援用有關上帝臨在／呈現和活動的語言，而且特別是有關聖靈的語言。再者，這些語言，不要被視為在更重要的人類工作背後那久遠的和基本上無作用的背景布幕。這些語言有真正的工作要履行：在描繪人類閱讀聖經的行動中援用有關上帝的語言，這並非裝飾性的，而是本質性的。然而，正如在其他脈絡中，在這脈絡中有關上帝行動的言說，並不跟有關受造物活動的言說相競爭，或對之懸擱、忘掉。而是，藉著指出受造物的行動是在拯救的經世活動這首要的脈絡中發生的，並且指出作為**受造物**（creatures）的行動，它們是那些被聖潔化（即被聖靈轉形〔transfigured〕而與受死復活的上帝兒子相似）的受造物的行動，從而**指定**（specifies）或**決定**（determines）受造物的活動的性格。正是在這一點上——把受造物及其行動作出神學的規定——許多解釋學的神學（hermeneutical theology）是注定薄弱的，好像許多道德神學（moral theology）一樣；因為它們傾向從基督教神學之外，借用那些人類自身性（human selfhood）的解說，來建構其理論。因此，再一次，在這一點上，需要幹出真正的教義神學。

在恩典的經世活動中的閱讀，不是創作（*poiesis*），而是智性由上帝的自我解釋的、清晰明白的話語所引導，並朝向這話語。這種智性是受造物活動一種獨特的形式。它涉及對那在我以外（*ab extra*）向我言說的和在我的意志和慾望範圍之外的，作出專注；被這言說教養，是門徒訓練(discipleship)的一種模態，並因此必然涉及捨棄。但這一切不會使受造物的行動，變成不是受造物的行動。這簡單指出了：智性的閱讀活動所指引自己前往的，是神聖的話語，這神聖的話語不是無活動的，反而是先於並抱擁著受造物的行動。話語是先於讀者的，這是那些視聖經為「自我解釋的」和「清晰明白的」或「清明的」的概念所要指出來的。重要的是，這些意念不是消除閱讀的必然性，使釋經變成純粹的「聖靈的」(pneumatic)活動，越過成文材料要被挪用的過程。反而是，這些意念把這些行動置定於上帝自我闡釋的領域之中。

在某一層次上，談及聖經乃「自我解釋」或「清晰明白的」，是抗拒解釋性傳統或精英的權威。因此，這種言說的要點，部分是要保護「原本的」(original)閱讀，優先於那種僅只是習慣性或衍生性的閱讀，是以，在一個意義上，這是移除那種為梵蒂岡第二次會議(Vatican II)所講的在「神聖教誨權的監視眼睛」(the watchful eye of the sacred Magisterium)[68]下的閱讀。然而，拒絕解釋傳統的先驗權威，是有別於對個別解釋者不加約束，這會使釋經成了另一由不成熟的智性良知所管治的王國。聖經是藉著其跟上帝的關係而自我解釋和清晰明白的；其清晰性是內在的，而非製造的，無論是出於教誨權當局，還是傑出學者或敬虔讀者。這是其中一個主要原因，為甚麼關鍵的是這內在的明晰性，要以某種教義性的精確方式而被述明，如果我們要恰當地描繪閱讀聖經的行動。聖經的清晰性，是其在神聖的自我顯明中的位置的一個作用，以及是其在聖靈條理讀者的心智、意志和感情(以朝向加爾文所講的「屬天教義」〔heavenly doctrine〕)的工作的一個作用。明晰性只有在拯救的脈絡中才有意義，即是，在跟上帝作為話語與聖靈的行動，和受造物信的行動的關係中，明晰性才有意義。就如聖經的其他特性，如充足性、有效性（efficacy）或圓滿性（perfection），清晰性不是由抽離地被考慮的文本所得出的形式特性或自然特性。聖經的清晰明白性不僅是字句上的清晰，不只是「直接及易理解的報告」的那一種清晰。[69] 這樣把清晰物質化（materialising clarity），只是把本來是「上帝的禮物歸於聖經」。[70] 相反，聖經是清明的，因為透過聖靈，文本服事上帝的自我呈現／表達（self-presentation）。恰當地說，不是聖經在自我解說，而是**上帝**作為話語，祂藉著聖靈的工作解釋自己。[71]

因為這樣，清晰明白性不是所想的，只是閱讀行動前的聖經特質。因著聖靈的工作，聖經是清明的，而受造物的閱讀行動在聖靈的工作中，被條理至忠心地專注於神聖的話語，以致透過聖經，福音的亮光閃耀出其自身內在的光彩。清晰明白性因而並非提議閱讀是不必要的；這是關乎閱讀的方式：內在於啟示性恩典的經世活動作忠心的閱讀，不全是自動的而是一種信仰智力的接受性行動。清晰性是被給予的，不是獨立的釋經本領或技術的產品。但它也不是作為文本使用之前（text *ante usum*）所具有的特性（*qualitas*）而被賜給下來的。在與已聖化的及已被感通的文本相遇中，聖靈管治、完成及聖化讀者的工作。讀者這一工作當然包括「自然」能力與技巧的操作。但是僅只是這些技巧和技術調動是不足夠的，事實上這只會誤導我們。它們的有效使用——即是，朝向聖經目的的使用，就是注目於上帝——在於它們被整合進聖靈在讀者身上所產生的性情。這樣的性情最重要的特徵是謙卑地倚靠上帝及接受福音的教導。「最重要的是，我們必要被敬畏上帝的心意所推動而朝向認識上帝：祂教導我們所要追尋或要逃避的⋯⋯此外，我們必要透過聖潔成為可教的，並且不與聖經敵對。」[72] 因而在聖經的清晰性和盡責的讀者（*pius lector*）之間有一直接的關聯：清晰性與聖潔是彼此隸屬一起的。

總而言之：聖經的清晰性既非文本作為文本的內在元素，亦非只是釋經勞苦的果子。聖經的清晰性是：當在聖靈管治底下，自我臨在／呈現的拯救者與忠心的讀者相遇而文本在其中起作用，文本便在這一作用中**成為**文本。閱讀，就是被賜予真理的上帝的聖靈所抓住。

這種把聖經的清晰性跟閱讀行動扣上關係的解說，可以幫助我們達到某些判斷：判斷近期那些對讀者通過解釋行動在共同建構文本意義中的角色所提出的建議。第一個例子是詹融（Werner Jeanrond）的精巧著作《文本與解釋》（*Text and Interpretation*）[73] 和《神學解釋學》（*Theological Hermeneutics*）。[74] 後者以「文本的了解（text-understanding）總是要求我們主動參與重新創造那存疑的文本。它要求我們借出我們的實在（reality）給文本，以致它對我們來說能夠成為真實」[75] 來開章。這是說，雖然「讀者與文本的互動從文本對讀者的不斷『召喚』（provocation）處得到能力」，然而「文本之所以可能召喚讀者，只是因為讀者先前同意涉足於這一與文本互動的活動中」。[76] 基本的母題已經可以被辨識：讀者是文本的「實現」(realisation)的中介踐行者(agent),看來沒有需要任何有關(例如)話語(Word)或聖靈的語言,因為文本的實在是借取自其讀者或由其讀者所賦予的。在《文本與解釋》,對讀者的活動也有相似的描述:「文本具有身分,從其設計的角度來看,這身分永遠不是純粹的、單義的和客觀地可理解的,而是恆常需要個別的閱讀行動,讓其呈現其自己……閱讀總是……實在的新形象(a new image of reality)的投射,因為這是由文本共同引發的,以及由讀者在閱讀的行動中跟文本所建立的關係中達至的。」[77] 雖然詹融清楚地讓自己跟那些極端的理論家保持距離,這些理論家否認文本的任何軌約作用(regulative function)及確定性(determinacy),然而詹融卻使文本的*Sinngestalt*(語意形式;semantic form)成為文本與讀者之間合作的作用:「文本的構成是如下的程序:形塑文本而為一語意的潛能(semantic potential);而閱讀是如下的程序:實現成文文本而為意義的形式(a form of sense)。」[78] 這裏,我們注意到,在閱讀的人性論/人類學之中,從語意的潛在性(semantic potentiality)轉移至語意的實在性(semantic actuality),這是讀者的工作。當然,詹融在某一意義上是正確的,他強調文本在閱讀之前(*ante usum*)是「未實現的」(unrealised)。可是,文本由潛在性轉到實在性,對於詹融來說,人類讀者就是其踐行者,而對讀者的描畫不需要有關啟示的、話語的、聖靈的或信的語言。閱讀的動力是在於讀者和文本的內在世界的動力,而在這樣的解說中,文本的「自我解釋」性格(即是,對上帝的自我闡釋的服事）所佔的位置很少。

對聖經的清晰性的談論，把閱讀的行動置定於話語（Word）及其與人性論／人類學所關聯的信的脈絡中。在這樣的連繫中，可以提及格林（Garrett Green）在其兩本研究中對想像的分析：《想像上帝》（*Imaging God*），[79] 及較近期的《神學、解釋學和想像》（*Theology, Hermeneutics and Imagination*）。[80] 較早的研究提供了一種解説，視聖經為一文本，上帝透過這文本形塑、加力及刺激基督徒的想像。「基督教宣稱聖經由上帝感通，這意味著它是啟示的工具，藉此上帝讓信徒在當下生命中認識祂自己。這宣稱，可以述説得更準確：聖經具體表現（embodies）了一典範，透過這典範基督徒看見世界在本質上跟上帝是有關係的，透過形像（images）上帝影響信徒的想像。」[81] 明顯地，根據這個解説，就需要透過聖經來言説上帝的行動。而在格林這著作之中，它顯出其自己在教義上的條理，較那些沒有超越教會論的或人性論／人類學的內在性的解説，更為優勝。但是如果想像的意念被探索，我們便會發現，這會給予人類那基於聖經所提供的典範而分析世界的工作，相當大的重要性。這可以在格林解説聖經感通時立即見到，他主張：「最適當地了解〔聖經的感通〕是以之為〔聖經的〕想像力量。」[82] 或是，聖經的權威「是想像性的」，即是，「聖經，恰當地被使用，能使其讀者想像上帝。」[83] 在這裏聖經被了解為啟示的工具，這啟示的工具裝備理性、能力與原材料，為了基督徒的想像**工作**。但是對這一工作所缺乏的，是較仔細的神學的規範——最重要的是對其恰當的自我忘記、對其自己的偶像崇拜的磨煉性厭惡、對其指涉話語和聖靈的工作，作出規限（specification）。沒有這些規限，「想像」跟詹融解釋學的「閱讀」便分享同一命途：給予解釋踐行者過多空間，給予上帝在恩典的經世活動中的自我呈現／表達太少空間。[84]

這些難題在格林最近期的著作《神學、解釋學與想像》中稍為有所抑制。其中一個基本的研究原則是一切實在的 *Bedeutungsbedürftigkeit*——這事實是每一事物需要解釋來站立起來（這詞彙是由夏文〔Johann G. Hamann〕推衍出來的）。格林使用這詞語，好像是在提議，實在（包括文本的實在）之所以「活起來」，是透過解釋活動，而這些解釋活動則在想像活動之中集結起來：

> 因為信徒惟一擁有世界——根據基督教的方式去理解世界——是根據那由聖經／著作（scripture）正典在經典形貌中所表達出的典範來想像的……如果文本的意義總是開放的，跟著的就是沒有可能逃避解釋，而解釋則要求主動的想像參與。聖經／著作的意義永不是簡單地被賜予的，而總是解釋性行動的果子。解釋的不可逃避性意含解釋的律令（hermeneutic imperative）。對於那些靠賴聖經（Bible）而活的人——即是，經典地閱讀聖經（to read the Bible scripturally）——解釋不是選擇或輔助活

> 動，而是事情的本質所在。把聖經（Bible）當作著作（scripture）來閱讀，**是**解釋聖經（Bible）。[85]

下面是為此而引證的神學根據：

> 主上帝創造了世界，這是聖經見證人所說的，這世界離開了其神聖的源頭和命途，就是一個謎、荒謬。從其跟上帝的關係來看，世界不會變得可被理解的，而是可被解釋的。世界依然是奧祕的，但不再沒有意義。的確，其意義倚賴於神聖的奧祕，以之為其核心，因此其意義不是一件被給予的東西，而是一個任務、一次探索……重點是，奧祕……不是一個不幸的難題或限制，而是受造物探究和沉思的主要動力之所在。[86]

我們可以以回應的方式首先提問：這一種以上帝為奧祕的上帝教義，是否給予上帝的三一式自我臨在／呈現充分的解說。格林確實肯定，上帝是「活的上帝，自由的踐行者，不能被操控或以之僅為一客體（object）來對待」。[87] 但是在缺乏話語與聖靈的三一式語言之下，上帝的臨在／呈現與人類的行動，看來跟**奧祕**和**解釋、動因**和**踐行者／代理**（agent）連繫在一起：「解釋的不可避免性，是上帝奧祕的解釋結果。」[88] 第二，我們可以提問：這種視上帝為奧祕但相當薄弱的上帝教義，是否產生一種閱讀聖經的解說，認為文本（因為文本不是神聖活動的場所）不是上帝清明的話語、能**有意義的**（make sense），因此不是可以在信仰的謙遜中接受的；而這是一個透過想像**使**文本**有意義**的機會。這是另一種方式向格林提問，在他的聖經解說中，聖經是否真的是自我解釋的，以及想像是否更適宜被信取代而作為讀者的基本行動。

同樣的困難出現於詹姆斯·史密夫（James K. A. Smith）的近作《解釋的墮落》（*The Fall of Interpretation*），雖然他從一組頗為不同的教義認信來處理事情，但像格林那樣給予解釋的活動同樣的輪廓。史密夫批評主流西方新教神學為擁護解釋學的即時性（hermeneutical immediacy）的神話。在這神話中，解釋是墮落後（post-lapsarian）的情況，即是墮落的果子，是「從智思轉成感官的、從即時性轉成中介性、從閱讀轉成解釋」。[89]「伊甸園……是永久關聯的樂園：解釋的樂園正正在於缺乏解釋……解釋學是咒詛，但卻是我們此時此地能夠被救贖出來的。我們能夠從中介返回即時、從扭曲返回『完全清晰』，並從解釋返回『純粹閱讀』。」[90] 根據史密夫的解說，這種即時性的渴求是西方傳統深層的教義混亂的病徵，稱之為「創造的貶值」，表達自己而為一種「強烈傾向克服歷史的和語言的制約」或是「嘗試克服我們的人性」。[91] 史密夫的反建議是他稱之為「解釋的**創造模型**」（a creational model of interpretation），「把解釋和解釋中介了解為人在世存有（human being-in-the-world）的建構性向度」。[92]

這裏肯定出現歷史的困難：對「新柏拉圖主義或諾斯

底主義（gnosticism）」過於一般的指控，[93] 不可能站立得住，如果沒有更嚴謹的證明（demonstration）。但是更為嚴重的困難是教義的。史密夫批判對「即時性」的委身，他認為是內嵌於西方神學解釋學的，但他這樣的看法，是忽略了聖經的清晰性（*claritas*）這觀念的啟示性和聖靈論式的向度，而假設了清晰性可被了解為只是文本的特性，無須聖靈的工作，或只是視聖經的清晰性，為一種過度已然實現的終末論（overly-realised eschatology）的解釋學的相等物（hermeneutical equivalent）。再進一步，這書處理「創造」的範疇很有問題。首先，如史密夫的闡釋，這範疇有一很清楚明確的人性論/人類學導向：「創造」是一種高抬具體化（embodiment）、有限、在世存有的價值的方式。因此，第二，受造性（createdness）是哲學地被闡釋的而非神學地被闡釋的，不大指涉到受造物倚賴於三一上帝持續的臨在/呈現與活動。第三，史密夫那坦白的亞米紐斯意向（Arminian bent）的教義架構，[94] 有點不自然地跟該柏爾（Abraham Kuyper）和杜爾維（Herman Dooyeweerd；注意，不是巴文克〔Herman Bavinck〕）結合一起，人類的解釋工作對神聖行動的言說產生威嚇，而使之飄浮不定，而即時性神話則被某種解釋學的伯拉糾主義（Pelagianism）所抗衡。

最後，要說的是，近期極少數的嘗試提出了一個關於閱讀的神學解說，其中一個就是會澤汀（Klaas Huizing）的《讀人》（*Homo legens*）。會澤汀從讀者的角度重新思考新教的聖經原則（跟羅大衛〔David

Law〕對聖經感通教義的再思的方式相平衡)，提出「聖經的神學乃閱讀的神學」(“theology of Scripture as theology of Reading”)。[95] 一方面，這涉及一種德里達式（Derridean)對「著作」(the book)的拒絕，以之為無望地捲入存有—神學的同一性形而上學(the identity metaphysics of onto-theology)之中；而另一方面，對聖經原則的闡釋，使得這教義的核心變成讀者的感受。結果，「對聖經感受的認同」(affective conformity to Scripture)[96] 取代了啟示的或感通的教義：聖經文本的地位決定於其作為「原型」(prototype)作用的基礎、其作為召喚讀者的道德或感性生命的作用的基礎。這裏要警醒的是，讀者要進行的真正工作的方式：復活和聖靈(以及聖經清晰明白性的推論)並不起作用。會澤汀肯定説及，讀者所相遇的「意向性」(intentionality)並非讀者自己的意向性，而是他稱之為「聖經的感性的意向性」(affective intentionality of Scripture)，[97] 這是「那道已成聖經的基督」的意向性。[98] 透過閱讀，讀者被轉化而成基督的形像，聖經對基督的描繪所具有的公開性，在信徒生命之中迫切要求某種實現。結果，閱讀承擔起聖靈在應用中的角色。

相反：「事實上，如果聖經作為對耶穌基督的見證，是上帝的話語……那誰能闡釋聖經，豈不是上帝自己嗎？人對聖經的闡釋能夠包括些甚麼在內？不過再次是服事的行動，即是一忠心和專注的跟隨——跟隨在聖經所意欲給予它自己的闡釋之後，跟隨在作為聖經的主的耶穌基督其所意欲給予祂自己的闡釋之後。」[99]

這樣的難題(這些難題在現代釋經的著作中相當普遍)可以相當容易避免，如果把閱讀的討論交付不同的教義脈絡之中，即是說，在對上帝溝通性活動所作的神學斷語(theological affirmation)之中，被那些聖化的文本(作為聖靈工作的場域，這聖化的文本是**清明的**〔clear〕)所服事。人類閱讀的行動或解釋的行動就會跟神聖啟示的工作和臨在/呈現恰當地關連起來，產生的結果是一個相當審慎的閱讀的人性論/人類學，它不會威嚇要把聖靈的工作強行吞併到自己之中。

> 在恩典的經世活動之中忠心地閱讀聖經，不是主人的工作，而是在基督學校中的學生的工作。

聖靈改變讀者的首要果子是**可教導性**(teachableness)，這可教導性延伸至閱讀聖經時的性情。閱讀聖經以至被上帝和好的工作所抓住，就是放棄主宰文本，而取而代之的是，被教養以致順從。慈運理(Ulrich Zwingli)在一五二二年的短文〈論上帝的話語的清晰性和確定性或能力〉("On the Clarity and Certainty or Power of the Word of God")中，這樣寫道：

> 我肯定知道上帝教導我，因為我經歷了這教導，並且為了避免誤解，當我說我確實知道上帝教導我，我的意思就是下面要講的。當我比較年青時，我過多地投身於人的教導，像我那

> 時代的其他人一樣，而當七、八年前我完全把自己埋首於聖經之時，我總是被哲學和神學阻止。但是最終當我被上帝的聖靈和話語帶領，我看到，我需要把所有這些事物放置一旁，直接從祂自己的話語學習上帝的教義。然後我開始請求上帝給我亮光，於是聖經逐漸清晰起來……較我之前從許多註經學者和解經學者所學習得到的更清晰。注意：總有上帝引領的確定記號，因為以我自己拙劣的了解，我永不可能達至經文的要點。[100]

這段文字的重點不只在於勾畫一幅熟悉的早期宗教改革運動的圖畫：專制的解釋傳統與「直接」、非中介地閱讀聖經的清晰性與活潑性，兩者之間的對比。它更在於描述了一種恰當的閱讀「靈性」(“spirituality” of reading)，這最能以主要的被動詞彙來描畫：「被話語和聖靈引導」、「學習上帝的教義」、「求上帝賜予亮光」，除此以外，最重要的是「被教導」。對於慈運理來說，以上帝為老師，是為要對抗自我衍生的智慧所產生的偶像崇拜。慈運理說：「你不會放棄你的人性了解，而是以之來形塑神聖了解……你會教導上帝並強迫祂跟隨你自己的意願。」[101] 因此，對於慈運理來說，解釋的處境的真正本性，最可這樣說，是使勁以可教導性取代主宰性：

> 上帝的心意是，惟獨祂才是教師。而我是想要

> 被祂教導而不是被人教導……因為不是由我們來評斷聖經和神聖真理，而是讓上帝在聖經中及透過聖經作祂的工，因為我們要學習的只是關乎上帝的事情。當然，我們需要對我們就聖經的了解提供一個解說，但並不是根據我們自己的意志來勉強或篡奪得來的，而是被聖經教導，並且這是我們自己的意圖。[102]

從這一觀點，我們可以開始談論閱讀聖經中鑑別方法（critical methods）的角色這一問題。對於慈運理向我們推薦的那種性情，我們感到奇怪，其中一個主要原因，是「鑑別」聖經的態度享有非凡的權威，以及從這種態度所衍生的方法（這些方法又轉過來強化這種態度），因而享有威望。雖然在非正式的閱讀中，可教導性和單純，可以被接受為恰當的，但對於鑑別的工作來說，這些通常會被認為是劣拙的使用，因為這鑑別的工作只有在讀者思考**有關**（think about）文本，而非**與**（with）文本一起思考或在文本**之下**（under）來思考，才能負責任地進行。這裏涉及的連串難題，較特殊釋經方法的使用或其他方面，所關涉的更多，這些釋經方法只是更大型解釋策略的元素，所以只是更深層次議題的病徵而已。更重要的是，我們需要神學地分析巴爾（James Barr）所恰當界定的重要議題，即「現代聖經研究屬靈的和智性的基礎」。[103] 就其本身來說，對鑑別方法的討論並不很有助事情的發展，更重要的是要發掘整個閱讀的本性和目的的構作，在這構作之中鑑別方法有其位置。對方法作出恰當的判斷，基於先前對解釋的目的、解釋所處的恰當社羣性和制度性的位置，以及解釋者的恰當性情，所作的判斷。在我們現下的脈絡中，這最後的元素是特別恰當的。

在閱讀聖經文本時，鑑別方法的威望經常被視為宗教改革運動遺傳下來本真（authentic）的一部分 —— 無論視之為表達出擺脫教誨權的控制（magisterial control），而使有良知的釋經者得自由（巴爾）；或是視之為唯獨信心這原則在智性領域內的工作，拒絕偶發的安全（布特曼、艾伯齡〔Gerhard Ebeling〕）。這裏有些歷史性的花招戲法，而且路德所了解的基督徒自由和康德所了解的自由發問，出現了一併倒塌的情況。但是有一更為滲透的難題，就是一旦涉及某些對智性責任和自我決斷的本性的看法，鑑別方法能夠產生某些在神學標準來看是一種錯誤對待聖經（作為神聖自我溝通的場域）的態度。換句話說，這裏有一人性論/人類學的難題在內，當中涉及如何了解諸如閱讀這一類的智性活動。難題的核心是，理性所崇尚的意義（通常是隱含的但卻是真實的），被表達為能力（competence）和足夠（adequacy），至於「奧祕」（mystery）一語幾乎是太強了，[104] 而這跟我們在慈運理的著作中所發現的十分對立相反。格蘭特（George Grant）以海德格式的（Heideggerian）詞語講及這情況：現代技術式學術著作的理念，即理性的「命令」（commanding）或「呈現」（representing）的作用。[105] 命令和呈現同樣把提問者跟被提問的事物保持距離。在閱讀聖經時，這一距離採取了假設的形式出現：在超越文本下，專業的解釋者超越上帝自我溝通的事件，因此解釋者並不是同一屬靈的經世活動的一部分（如教會及聖經一樣）。[106] 但這樣閱讀聖經並非在恩典的經世活動中閱讀聖經，因而不是以學習者來閱讀。

這**並非**必須全然放棄挪用任何歷史性探究的工具，而是就這些工具的有用性提出問題：這些工具是否能夠培養對文本作**孩童式**（childlike）的閱讀。在潘霍華《行動與存有》那不易理解的結尾中，他談到「孩童提出神學的難題」。[107] 他這句話的意思是：孩童向我們展示信仰中基本的東西，即「沒有反思」（without reflection）地朝向基督，[108] 潘霍華視之為人類生活和活動的終末性決定。孩童形像化了「直接的信」（*fides directa*），這詞語是新教正統觀念用來表達信仰的客觀性（而非反思性）導向。因此，「孩童接近將來的東西——終末（*eschata*）。這也只對於在啟示面前懸擱自己的信，方可理解的」。[109] 正如我們曾經看到的，潘霍華在完成《行動與存有》之後數年，藉著堅持一種以孩童式的純真來閱讀聖經，實現了其解釋學的涵義。從潘霍華學到的教訓並不簡單：理性（包括釋經理性）找到了其目的，不是在於把世界屈服於其專家的注視，而是在於無需專長地（unskilled）服從神聖教師。

一個關於閱讀聖經的本性的神學，正如這裏所勾畫的，不能假裝解決釋經的難題，假裝較任何教義式道德心理學，可以更多地對倫理困局提供解答方案。一個對「甚麼使得人在任何領域的行動都是美好的」作出解說，不會直接教導我們，這人在任何給定的情境中將如何行動。但這一確認並不損害教義的人性論／人類學的有用性，無論是其在道德上或解釋學上的有用性。它只是具體說明這樣的一種人性論／人類學想要履行的工作。一個有關讀者的神學性人性論／人類學，可能自身不會把我們從為意義而奮鬥中拯救出來。但它可能做的，是指出釋經活動的性格和目的，以及釋經活動發生的場域。還有更多：它可能提出，由釋經困局（exegetical aporias）所主宰的閱讀策略（其操作彷彿認為意義〔sense〕只能被**創造**〔made〕），早已把釋經者置於一個跟文本已被干擾的關係之中；在這策略中，聖經作為神聖的自我溝通，其清晰性要證明自身，需要透過解決累積下來的釋經難題而被顯明。而最後，這可能表明，無論這些釋經困難有多真，最終都可能不是閱讀聖經的困難所在。真正的難題在別處：在於我們對恩典的蔑視。

註釋：

1 A. Calov, *Systema* 1, 517, cit. from R. Preus, *The Inspiration of Scripture. A Study of the Theology of the Seventeenth Century Lutheran Dogmaticians*（Edinburgh: Oliver and Boyd, 1957）, 12.

2 對把文本（texts）作為聖經（Scripture）來閱讀的崩潰情況，作出相當周延的描述，見 W. Kort, *"Take, Read." Scripture, Textuality, and Cultural Practice*（University Park: Pennsylvania State University Press, 1996）, 37～67。科爾特（Wesley Kort）提出，把書卷（Bible）當作聖經（Scripture）來閱讀已經衰落，一如古典的閱讀實踐已首先由聖經延伸到自然之書，然後到歷史，最後是文學，這延伸推翻書卷（Bible）的首出性，最後在書卷（Bible）被閱讀的場域中設定條件。然而，科爾特沒有對伴隨這過程出現的教義轉移，提請注意。（太多數是，把對書卷

〔Bible〕本性的解說，從上帝的啟示性活動中抽離出來。）

3 雖然在文學及文化研究領域內有大量材料討論閱讀的本性，但是宗教研究中的文獻相對來說就不多，而神學方面的則明顯地薄弱。神學的闡述包括：K. Huizing, *Homo legens. Vom Ursprung der Theologie im Lesen*（Berlin: de Gruyter, 1996）；及 A. T. Khoury and L. Muth, eds, *Glauben durch Lesen? Für eine christliche Lesekultur*（Freiburg: Herder, 1990）。亦見以下重要的研究：P. Griffiths, *Religious Reading. The Place of Reading in the Practice of Religion*（Oxford: Oxford University Press, 1999）；及 Kort, *"Take, Read"*。

4 關於需要抗拒把所有閱讀行動同化而為一種標準模式，見 Griffiths, *Religious Reading*。

5 A. Schopenhauer, *Essays and Aphorisms*（Harmondsworth: Penguin, 1970）, 89f.

6 Schopenhauer, *Essays and Aphorisms*, 90.

7 Schopenhauer, *Essays and Aphorisms*, 90.

8 Schopenhauer, *Essays and Aphorisms*, 92.

9 Schopenhauer, *Essays and Aphorisms*, 91.

10 Schopenhauer, *Essays and Aphorisms*, 92.

11 關於這一點，見我的文章：John Webster, "Reading Theology," *Toronto Journal of Theology* 13（1997）, 53～63。

12 Schopenhauer, *Essays and Aphorisms*, 93.

13 J. Calvin, "John Calvin to the Reader," in J. T. McNeill, ed., *Institutes of the Christian Religion*（Philadelphia: Westminster Press, 1960）, 4.

14 J. Calvin, *Psychopannychia*, in *Tracts and Treatises*, vol. III（Edinburgh: Oliver and Boyd, 1958）, 417.

15 Calvin, *Psychopannychia*, 417f.

16 Kort, *"Take, Read,"* 28f.

17 在科爾特的闡述中，加爾文所了解的閱讀聖經，其神學的脈絡的首出性，特別是拯救論的和啟示性的脈絡的首出性，被嚴重忽略，他把加爾文所說的讀者，從其對聖經文本的本性的了解和其對聖經文本在上帝自身向罪人溝通的作用，分離出來。因此，科爾特提議，加爾文的聖經教義「要處理的，是**閱讀**聖經文本，而不大是聖經文本的本性或聖經文本的來源」。（Kort, *"Take, Read,"* 19.）然而，對於加爾文來說，閱讀的實踐是由作為神聖言說的工具的文本其本性所決定的。科爾特在這事上對加爾文的誤解，可以追溯至他對訴諸超越性的普遍不安，以及他對「聖經」的範疇要內在地了解（understood immanently）的強調，即以文化實踐來了解，而不是超越地了解（一如科爾特拒絕「正典」的意念）。

18 Calvin, *Institutes of the Christian Religion* I.i.2（頁 37）。

19 Calvin, *Institutes of the Christian Religion* I. ii. 1（頁 40）。

20 Calvin, *Institutes of the Christian Religion* I, iv. 1（頁 47 及其後）。

21 Calvin, *Institutes of the Christian Religion* I. v. 12（頁 64 及其後）。

22 Calvin, *Institutes of the Christian Religion* I. vi. 1（頁 69 及其後）。

23 Calvin, *Institutes of the Christian Religion* I. vi. 1（頁 70）。

24 Calvin, *Institutes of the Christian Religion* I. vi. 3（頁 73）。

25 Calvin, *Institutes of the Christian Religion* I. vi. 2（頁 72）。

26 Calvin, *Institutes of the Christian Religion* I. vi. 3（頁 72）。

27 *Calvin's Geneva Catechism 1541*, in T. F. Torrance, ed., *The School of Faith*（London: Clarke, 1959）, 52f.

28 參 Calvin, *Institutes of the Christian Religion* I. i. 1。

29 E. G. Wendel, *Studien zur Homiletik Dietrich Bonhoeffers*（Tübingen: Mohr, 1985）, 68.

30 D. Bonhoeffer, *Sanctorum Communio. A Theological Study of the Sociology of the Church*（Minneapolis: Fortress, 1998）.

31 D. Bonhoeffer, *Act and Being. Transcendental Philosophy and Ontology in Systematic Theology*（Minneapolis: Fortress, 1996）.

32 早期對這一領域的重要審視，由下述所提供：R. Grunow, "Dietrich Bonhoeffers Schriftauslegung," in *Die Mündige Welt*, vol. I（Munich: Kaiser, 1955）, 62 ～ 76。格魯諾（Richard Grunow）做了很多，以塑造後期的闡釋，如 W. Harrelson, "Bonhoeffer and the Bible," in M. Marty, ed., *The Place of Bonhoeffer*（London: SCM, 1963）, 115 ～ 142。其他對潘霍華的聖經興趣的解說，可在下列作品中找到：J. W. Woelfel, *Bonhoeffer's Theology. Classical and Revolutionary*（Nashville: Abingdon, 1970）, 208 ～ 238；J. A. Phillips, *The Form of Christ in the World*（London: Collins, 1967）, 84 ～ 105；J. D. Godsey, *The Theology of Dietrich Bonhoeffer*（London: SCM, 1960）, 119 ～ 194。亦見以下重要的研究：M. Kuske, *The Old Testament as the Book of Christ*（Philadelphia: Westminster, 1976）。撇開費爾（Ernst Feil）公開宣稱對解釋學的興趣，以下這本書很少論及聖經：E. Feil, *The Theology of Dietrich Bonhoeffer*（Philadelphia: Fortress, 1985）。F. de Lange, *Waiting on the Word. Dietrich Bonhoeffer on Speaking about God*（Grand Rapids: Eerdmans, 2000）；這書高度抽象地使用有關材料，嚴重地錯解潘霍華所講述的。

33 C. Marsh, *Reclaiming Dietrich Bonhoeffer. The Promise of his Theology*（Oxford: Oxford University Press, 1994）, x.

34 Marsh, *Reclaiming Dietrich Bonhoeffer*, xf.

35 "Vergegenwärtigung neutestamentlicher Texte," in *Gesammelte Schriften*, vol. III（Munich: Kaiser, 1966）, 303 ～ 324.

36 "Vergegenwärtigung neutestamentlicher Texte," 304.
37 "Vergegenwärtigung neutestamentlicher Texte," 305.
38 "Vergegenwärtigung neutestamentlicher Texte," 306.
39 "Vergegenwärtigung neutestamentlicher Texte," 306.
40 "Vergegenwärtigung neutestamentlicher Texte," 307.
41 "Vergegenwärtigung neutestamentlicher Texte," 304.
42 "Vergegenwärtigung neutestamentlicher Texte," 307.
43 "Vergegenwärtigung neutestamentlicher Texte," 307.
44 參"Vergegenwärtigung neutestamentlicher Texte," 309f。
45 "Vergegenwärtigung neutestamentlicher Texte," 308。亦見"Finkenwalder Homiletik," in *Gesammelte Schriften*, vol. III（Munich: Kaiser, 1966）, 253f。
46 K. Barth, *The Way to Freedom*（London: Collins, 1966）, 121.
47 Barth, *The Way to Freedom*, 120.
48 對於潘霍華，基本的是「聆聽式自我」(listening self)而非「崇拜式自我」（worshipping self），這跟福特（David Ford）相反，見 D. Ford, *Self and Salvation*（Cambridge: Cambridge University Press, 1999）, 250。
49 D. Bonhoeffer, *Life Together*（Minneapolis: Fortress, 1996）, 62.〔中譯參考自潘霍華：《團契生活》，新譯修訂本，鄧肇明譯（香港：基督教文藝出版社，1999），頁 48～49。〕
50 Bonhoeffer, *Life Together*, 62〔中譯參考自潘霍華：《團契生活》，頁 49～50〕。我從潘霍華那裏挪用這些評語，作為馬殊（Charles Marsh）如下宣稱的基礎：他以「啟示的先行他異性」對抗現代性的「自我建構的主體」（Marsh, *Reclaiming Dietrich Bonhoeffer*, xi），雖然這看來對潘霍華基本的屬靈要點，在理論上誇大了，並且是一種吃力的講述。
51 Bonhoeffer, *Life Together*, 64.〔中譯參考自潘霍華：《團契生活》，頁 52。〕
52 Barth, *The Way to Freedom*, 60.
53 Barth, *The Way to Freedom*, 59.
54 D. Bonhoeffer, *Discipleship*（Minneapolis: Fortress, 2001）, 181.〔中譯參考自潘霍華：《追隨基督》第七版，鄧肇明譯（香港：道聲出版社，2001），頁 185。〕
55 D. Bonhoeffer, *Meditating on the Word*（Cambridge, Mass.: Cowley, 1986）, 43f.
56 Bonhoeffer, *Meditating on the Word*, 44.
57 Bonhoeffer, *Meditating on the Word*, 44.
58 Bonhoeffer, *Meditating on the Word*, 45.
59 Bonhoeffer, *Meditating on the Word*, 46.
60 參 K. Barth, *Church Dogmatics* I/2（Edinburgh: T & T Clark, 1956）,

470f。

61 達科夫（Ingolf U. Dalferth）銳利地分別了「聆聽」與「閱讀」，理由是閱讀只是「虛擬上」位格的相遇，而「跟閱讀相反，聆聽必然具有真實位格的互動性格……它跟位格（persons）的溝通性共在拴繫一起」。I. U. Dalferth, "Von der Vieldeutigkeit der Schrift und der Eindeutigkiet des Wortes Gottes," in R. Ziegert, ed., *Die Zukunft des Schriftprinzips*（Stuttgart: Deutsche Bibelgesellschaft, 1994）, 158。在其解說中，聆聽對描繪那在信之中與上帝的自我溝通性臨在／呈現的相遇，是神學地及人性論／人類學地基本的：「就像耶穌宣講的處境，構成基督徒的信其基本處境，是聆聽的處境，而非閱讀的處境。」（頁 158）再者，對達科夫來說，「閱讀」（所強調的是與上帝相遇的文本性格）傾向把聖經從教會於宣講及禮儀脈絡的使用中，抽離出來，因而把啟示轉成了語意的文本性質（semantic quality of texts）而非語用的實在（pragmatic reality）。在朝向信與上帝的臨在／呈現之相遇的實踐中，我對「閱讀」闡釋十分近似達科夫對「聆聽」的解說，雖然我會更為客觀。

62 温斯（Armin Wenz）的優秀研究 *Das Wort Gottes* 其中一個長處，是堅持所謂「聖經原則的危機」並非只是現代對待文本及其歷史性性格的獨特態度的症狀，也是且更為重要的是，在上帝與人類的關係中恆常存在的危機的一個記號。在這一解說中，聖經是一場所、「上帝話語與人話語之間衝突的場所。這衝突是**就統治人類一事上，上帝與反上帝之間的終末性的權力鬥爭**之表達」（A. Wenz, *Das Wort Gottes – Gericht und Rettung. Untersuchungen zur Autorität der Heiligen Schrift in Bekenntnis und Lehre der Kirche* [Göttingen: Vandenhoeck und Ruprecht, 1996], 83；亦見頁 290～292）。我們可能奇怪，温斯是否藉著把上帝與人類之間的終末性衝突，化解為對聖經的衝突，從而窄化了事情，並且他對聖經權威的言說（沒有進一步規限為「與三一上帝自己的權威等同起來」〔頁 83〕），是否因而正確的。但我們可以從温斯的聲明中學到很多：解釋的難題跟權威及對權威的拒絕是分不開的、跟反對聖經乃外在的（即，有效的和律令的，而不僅是提議的）神聖話語是分不開的。

63 C. Rowland, "Christology, Controversy and Apocalypse: New Testament Exegesis in the Light of the Work of William Blake," in D. G. Horrell and C. M. Tuckett, eds., *Christology, Controversy and Community*（Leiden: Brill, 2000）, 370.

64 我的強調是，神學語言需要談及解釋學的皈正（hermeneutical conversion），這跟科爾特對「歸心式閱讀」的解說實質上有所不同。科爾特雖然是在跟加爾文對談中發展這一解說，但這解說卻為克里斯蒂娃（Julia Kristeva）對「卑劣」（abjection）的了解所嚴重主導（例如，在 J. Kristeva, *Powers of Horror. An Essay on Abjection* [New York:

Columbia University Press, 1982]）。科爾特寫道：「閱讀聖經首先涉及的是離開自己及世界而朝向其剝奪和卑劣。在歸心式閱讀中，讀者處境的融貫性和身分/同一性被溶解，而聖經的融貫性和身分/同一性並非被挪用，而是被追隨而為出口的指示器，然後被越過……聖經的地點、情節、人物，和神學主題，一旦被視作指導朝往這種閱讀，它們則是寶貴的和權威的，因為它們清晰化剝奪和卑劣的行動、離開和逃脱的行動，並且因為它們要求被留下來。」（Kort, "*Take, Read,*" 128）這裏所提出的解説，其差異部分是直接地以基督論的範疇來描述科爾特內在地描述（describes immanently）的東西所生出的。科爾特內在地描述的是禁慾節制（*mortificatio*）及活化生命（*vivificatio*），乃是藉著聖靈的力量而把基督的死和復活延伸至人類生命中，這聖靈把信徒（因而信徒乃讀者）跟基督聯合，而禁慾節制與活化生命是跟讀者的自我剝奪全然不同（*toto caelo*）。再者，對於科爾特來説，在歸心式閱讀中發生的剝奪，涉及的「剝奪不單是對一個個人的世界和自我的意義（sense of self）的剝奪，而是對聖經的世界以及身分/同一性的剝奪」（Kort, "*Take, Read,*" 128）。結果，聖經的認知內容只是一個出口的記號，一條經此通往徹底卑劣的道路。但是，再一次，讀者的禁慾節制是無用的，除非它是由客觀及轉化的實在所引起的和所支撐的，這客觀及轉化的實在透過聖經的服事而向讀者呈現其自己。沒有這些根植於基督論的及聖靈論的考量，歸心式閱讀仍然是抽象的自我否定。

65 S. Kierkegaard, *Purity of Heart is to Will One Thing*（New York: Harper, 1938）, 204.

66 Calvin, *Psychopannychia*, 418.

67 Augustine, *On Christian Teaching*（Oxford: Oxford University Press, 1997）, preface, 3.

68 Vatican II, *Dei Verbum* 23.

69 G. C. Berkouwer, *Holy Scripture*（Grand Rapids: Eerdmans, 1975）, 270.

70 H. Heppe, *Reformed Dogmatics*（London: George Allen and Unwin, 1950）, 32.

71 進一步從神學來解釋聖經的清晰性，見 Wenz, *Das Wort Gottes*。

72 Augustine, *On Christian Teaching* II.16f（頁 33 及其後）。

73 W. Jeanrond, *Text and Interpretation as Categories of Theological Thinking*（Dublin: Gill and Macmillan, 1988）.

74 W. Jeanrond, *Theological Hermeneutics. Development and Significance*（London: SCM, 1988）.

75 Jeanrond, *Theological Hermeneutics*, 1.

76 Jeanrond, *Theological Hermeneutics*, 6f.

77 Jeanrond, *Text and Interpretation*, 104.

78 Jeanrond, *Text and Interpretation*, 83.